Walther Berg

König Ludwig II. von Bayern

Das Lebensbild eines deutschen Fürsten - volkstümlich geschildert

Walther Berg

König Ludwig II. von Bayern

Das Lebensbild eines deutschen Fürsten - volkstümlich geschildert

ISBN/EAN: 9783955640682

Auflage: 1

Erscheinungsjahr: 2013

Erscheinungsort: Bremen, Deutschland

EHV
HISTORY

König Ludwig II. von Bayern.

Das Lebensbild eines deutschen Fürsten

volksthümlich geschildert

von

Walther Berg.

Leipzig,
Hermann Dege.
1886.

Vorwort.

Die beispiellose Katastrophe, welche am Abend des 13. Juni 1886 nicht nur das bayrische Volk, sondern jeden Deutschen in Bestürzung versetzen und in jedem Herzen die tiefste Erschütterung hervorrufen sollte, ist ein allzu außerordentliches Moment in der Geschichte der Könige, als daß ihr nicht ein bei weitem intensiveres Interesse entgegengebracht werden sollte, als so manchem anderen Ereignisse, welches Klio in ihren Tafeln verzeichnet. Allzuwenig fast ist im Volke von einem der deutschesten aller deutschen Monarchen, vom König Ludwig II., seinem Leben und seinen Thaten bekannt, und so ist das in den breiten Massen des Volkes sich kund gebende Verlangen, in gedrängten Umrissen ein Lebensbild des idealen Bayernkönigs zu erhalten, ein vollauf gerechtfertigtes.

Der Verfasser dieser anspruchslosen kleinen Schrift weiß sehr wohl, daß zu derselben Zeit, in welcher seine Feder dem vorliegenden Gegenstande gewidmet ist, einige Dutzend anderer Federn im gemeinsamen deutschen Vaterlande demselben Ziele nachstreben. Aber eins möchte der Verfasser dieses kleinen Büchleins für sich wenigstens in Anspruch nehmen: Die Objektivität in der Darstellung; mit anderen Worten: das einfache Verdienst, auf der Grundlage der Glaubwürdigkeit und Wahrheit seine Schilderungen eines Königslebens aufzubauen.

Diejenigen, welche in diesen Seiten die Wiedergabe aller der abenteuerlichen und sensationellen Gerüchte erwarten, mit welchen theils böser Wille, theils Unverstand das Leben des Königs ausgeschmückt haben, werden sich beim Lesen enttäuscht finden. Dies Büchlein ist für das Volk bestimmt und Volksschriften ziemt vor allem in Bezug auf Inhalt die Wahrheit. Der Verfasser hat sich bemüht, aus dem wahren Rattenkönig von erdichteten und wahren Geschichten über das Leben des Königs Ludwig die glaubwürdigsten aneinanderzureihen. Aber er gesteht zu gleicher Zeit offen, daß die Lebensgeschichte dieses „romantischen Königs," wie ihn französische und italienische Blätter nicht mit Unrecht bezeichnen, so manche Details bietet, die auf das höchste Interesse der Leser Anspruch zu erheben haben, daß auch Derjenige beim Lesen dieses Büchleins seine Rechnung finden dürfte, der „des trocknen Tons" aller Biographien mit Recht übersatt ist.

König Ludwig II. war der edelsten Deutschen Fürsten Einer! Dieser Gedanke bildet den unsichtbaren „rothen Faden" unserer Schilderungen. Aber sein Geist war schon Jahre vor der Katastrophe gestört — auch diese jetzt nicht mehr anzuzweifelnde Wahrheit — wird in dem vorliegenden Büchlein vertreten werden. Einige Zeitungsstimmen haben sich dagegen erhoben und geschickt genug ihre Zweifel in die Welt geschleudert, um neue Zweifler zu schaffen. Manches journalistische Kunststückchen mag freilich dabei mit unterlaufen sein, manche Lüge mit dem vollen Bewußtsein, daß die eilende Feder eine Lüge niederschrieb, in die Welt mit dem geschickt drapirten Wahrheitsmäntelchen hinausgesandt sein, aber heute unterliegt es nicht dem geringsten Zweifel mehr, daß alle Maßnahmen gegen den König, soviel sie auch in jüngster Zeit angefeindet werden mochten — durchaus nothwendige waren.

Bei den vielen Broschüren gleichen Inhalts wie die unsrige, die zweifellos erscheinen werden, und von denen die meisten einen raschen Absatz durch die abenteuerlichsten Sensationsschilderungen zu erzielen versuchen werden, halten wir es für unsere Pflicht, nochmals zu erklären, daß unserer Arbeit jegliche Tendenzmacherei und Sensationslüsternheit fernsteht, daß es uns lediglich darum zu thun war, ein Lebensbild des unglücklichen Bayernkönigs zu zeichnen, das nur anerkannte Thatsachen zur Grundlage, aber eine liebevolle Feder zur Zeichnerin hat.

Der Verfasser.

Jugendjahre.

Als am 24. und 25. August 1880 in München und im ganzen Lande Bayern die Feier der 700jährigen Regierung des Wittelsbacher Hauses festlich begangen wurde, da ahnte Keiner, daß der jüngste König aus dem alten Herrschergeschlechte nahezu sechs Jahre später in den Fluthen des von ihm so sehr geliebten Starnberger Sees sein Leben freiwillig dem Todesgotte überantworten würde. Bevor wir jedoch die einzelnen Abschnitte seines Lebens an uns vorüberziehen lassen, erscheint es uns nothwendig, die Geschichte Bayerns von dem Sturmjahre 1848 an kurz zu berühren. Dem am 13. Oktober 1825 gestorbenen König Max folgte König Ludwig I. Dieser hatte in mancher Beziehung Aehnlichkeit mit seinem Enkel, dem freiwilligen Opfer der Katastrophe von Schloß Berg. Auch jener erste Ludwig war ein prachtliebender Herrscher, von dessen Kunstsinn das heutige München noch leuchtende Beispiele aufzuweisen hat. Aber die Prachtbauten, welche der Enkel auf den einsamsten Höhen des Bayrischen Hochgebirges errichten ließ, stellte der Großvater auf den

Boden Münchens selbst und zugleich in den Dienst der Oeffentlichkeit und des Publikums. Die Walhalla, die Feldherrenhalle, die Ruhmeshalle auf der Theresienwiese, das Siegesthor, die Propyläen, die Schätze der Glyptothek und der alten und neuen Pinakothek, die heute der Stadt München für die Gebildeten aller Nationen eine so starke Anziehungskraft verleihen, sind ebensoviele Erinnerungen an den ersten Ludwig. Wo so viel Licht ist, hat auch der Schatten eine Art Existenzberechtigung. Als die berückende spanische Tänzerin Lola Montez die Neigung des Königs gewann, war sie zugleich der Anlaß einer beginnenden Entfremdung zwischen König und Volk. Die Gräfin Landsberg, diesen Titel hatte sie sich zu erschleichen gewußt, stellte sich wie ein starkes Hinderniß zwischen die loyalsten Empfindungen des bayrischen Volkes und die Pflichten eines Königs seinen Unterthanen gegenüber. Neben den Umtrieben der Ultramontanen und der Aristokratenpartei waren es denn auch vor allem die ungemessenen Extravaganzen der ehemaligen Tänzerin und jetzigen Favoritin Lola Montez, alias Gräfin Landsberg, welche den Auflauf vom 9. Februar 1848 in München verursachten. Er war das Anfangsglied einer langen Kette von schweren Verdrießlichkeiten. Die Pariser Februarrevolution warf ihr grelles Licht auf Deutschland, Viele blendend, welche in ihr die Sonne einer „neuen Zukunft" zu sehen vermeinten. König Ludwig I. konnte sich mit der neuen Zeitrichtung nicht befreunden; am 20. März des denkwürdigen 48er Jahres legte er seine Krone nieder. Sein 'Sohn Maximilian folgte ihm als der zweite seines Namens auf dem bayrischen Throne. Ein einfacher Charakter, dessen Grundzug das Wohlwollen in seiner edelsten Form war, ein Freund und Förderer der Wissenschaften, aber ein wenig entschlossener und thatkräftiger Regent, starb er am 10. März 1864 eines durch die denselben begleitenden Umstände merkwürdigen Todes, welchen wir später noch zu berühren haben werden.'

Schon König Maximilian war der Einsamkeit nicht unzugänglich. Nachdem er sich im Jahre 1842 — am 12. Oktober — mit der Prinzessin Marie von Preußen, einer Tochter des Prinzen Wilhelm von Preußen — des Onkels Friedrich Wilhelms IV. und unseres Kaisers Wilhelm — vermählt hatte, lebte er zurückgezogen vom Hofe auf dem schönen Schlosse Hohenschwangau, das auch seinem unglücklichen ältesten Sohne der Lieblingssitz werden sollte, nur seiner Familie — in ungezwungenem Umgange mit Gelehrten und Künstlern, wissenschaftlichen Studien und literarischen Genüssen ergeben, bis endlich die Thronentsagung seines Vaters ihn unerwartet auf die Stelle berief, auf welcher so mancher Fürst erfahren muß, daß die Macht der Umstände stärker ist als der Wille der Herrscher.

Wir haben uns mit der Regierung Maximilians II. hier nicht weiter zu beschäftigen. Er war ein guter Regent, wenngleich ihn eine chronische Krankheit — eine immer wiederkehrende Migräne — nicht selten verhinderte sich sehr lebhaft bei den Geschäften zu betheiligen, sondern ihn vielmehr zu häufigeren Reisen und zu ländlichen Aufenthalten veranlaßte und seinem ganzen Wesen etwas Zurückhaltendes und Schweigsames gab. Persönlich bethätigte er sich jedoch jederzeit als sehr eifriger Förderer der Wissenschaften, die er zu gleichem Flor in Bayern zu bringen bestrebt war, wie sein Vater die plastischen Künste. König Maximilian II. hat sehr viele namhafte Gelehrte nach Bayern gerufen, ein Ehrenzeichen für wissenschaftliche Verdienste gestiftet und sehr beträchtliche Summen auf Belohnung ausgezeichneter literarischer Leistungen verwendet.

Der Ehe Maximilians und Marie's von Preußen entsproßen zwei Kinder: der Kronprinz Ludwig Otto Friedrich Wilhelm, geboren am 25. August 1845, und Prinz Otto Wilhelm Luitpold Adalbert Waldemar, geboren am 27. April 1848.

Mit dem Erstgeborenen, dem nachmaligen König Ludwig II., haben wir es in den folgenden Abschnitten unseres kleinen Buches zu thun.

Beide Prinzen, Ludwig wie Otto, verriethen bereits in ihren Knabenjahren ungewöhnliche Intelligenz und wuchsen, je mehr sie sich den Jünglingsjahren näherten, zu schönen Jünglingen heran, gleich ausgestattet mit edlem Geiste, dank der streng wissenschaftlichen Erziehung durch hervorragende Männer, welche König Maximilian ihnen zu Theil werden ließ, und edlem Körper — schlank und hoch gewachsen, mit regelmäßigen schönen Zügen und großen strahlenden Augen, in denen schon bei den Knaben nach dem Ausspruche eines ihrer Erzieher „eine Welt unausgesprochener Gedanken" lag.

Mehr noch als sein nur drei Jahre jüngerer Bruder hatte Ludwig mit der vollen Empfänglichkeit seiner jungen Seele sich den Wissenschaften hingegeben — eifriger als man dies bei Fürstensöhnen voraussetzt und erwartet. Und doch lebte schon in dem Knaben ein Stolz, der seinem sanften, freundlichen Wesen auf kurze Augenblicke eine schroffe Herbheit geben konnte, welche seine Umgebung überraschte. Schon als Jüngling von 16 Jahren verlangte Ludwig alle Rechte des Erstgeborenen eines Königs, nicht nur von seiner Umgebung, sondern selbst von seinem jüngeren Bruder. Nie litt er es, daß jener vor ihm einen Raum betrat oder verließ. Der Vortritt gebührte ihm, und sein Auge konnte aufflammen in jähem Zorn, sowie seine Hand sich ballen und dem feingeformten Munde Worte entströmen, wie sie verletztes Ehrgefühl formt, wenn Prinz Otto einmal die schuldige Beachtung der Geburtsrechte seines Bruders vergaß. Dieser Stolz des jungen Kronprinzen äußerte sich kaum weniger seiner Umgebung gegenüber. Mochte er auch Diejenigen schätzen, deren Mühen er die Kraft verdankte, tiefer in die Wissenschaften einzudringen, als seinen Altersgenossen gemeiniglich vergönnt ist, — sein Stolz gestattete ihm nicht, die unsichtbaren Schranken, welche seine Geburt zwischen ihm und jenen aufrichtete, niederzureißen. Bezeichnend ist eine Anekdote aus jener Zeit, die jetzt wieder der Vergessenheit entrissen ist: Ab und zu von einem leichten Unwohlsein befallen, sollte sich der jugendliche Kronprinz in ärztliche Behandlung begeben. Vergeblich war das Bemühen des Arztes, die Erlaubniß zu erhalten, ihm den Puls zu fühlen. Ludwig sträubte sich energisch dagegen. Er litt nicht, daß eine Hand seinen Körper berühre, in deren Adern gewöhnliches Unterthanenblut floß. Da erfaßte den jungen Prinzen eines Tages ein heftiges Fieber und nun befahl sein Vater, daß er dem Leibarzt Gehorsam leiste. Aber als dieser, dem bestimmten Befehle nachkommend, die Hand Ludwigs ergriff, um den Puls zu fühlen, da traf ihn ein so flammender Blick empörten Stolzes aus dem hellen großen Jünglingsauge, daß der Arzt betreten und seltsam befangen vom Lager des Prinzen zurücktrat.

Ein eigenartiger schwärmerischer Hang für die Tonkunst trat schon in den Knabenjahre des Prinzen erkennbar zu Tage. Er vertiefte sich mit den zunehmenden Jahren und gewann nach außen hin seine sichtbare Gestalt in der innigen Freundschaft zu Richard Wagner, welcher ein eigener Abschnitt dieses Büchleins gewidmet sein wird.

Gewiß — vieles hätte sich anders gestaltet im Laufe der Zeiten, wäre es dem Jüngling Ludwig vergönnt gewesen, zum Manne heranzureifen — fern dem Throne. Noch nicht ausgereift in seinem Denken und Fühlen, ward dem 18jährigen Jüngling plötzlich die Krone auf das stolze Haupt gedrückt und die Regentenpflichten traten an die Stelle stiller Geistesarbeit. Kurz vor seinem Abgange zur Universität, auf welcher er dem Studium der Rechtswissenschaft sich widmen sollte, sank Ludwig's königlicher Vater plötzlich in's Grab und aus der Einsamkeit des Studirzimmers wurde der Jüngling plötzlich mitten in den Strahlenkreis des Thrones gezogen, um auf diesem den Sitz seines Vaters einzunehmen.

Der Tod König Maximilians II.

Der 10. März des Jahres 1864 war ein Trauertag für das ganze Bayernland. König Max — wie Maximilian II. allgemein im Volke gennnnt wurde — war gestorben. Er war schwächlich und viel kränklich gewesen, der „Gelehrte auf dem Throne,“ welchen doppelten Ehrentitel man dem eifrigen Förderer der exakten Wissenschaften in Bayern mit vollem Rechte zugestehen kann. Seine Kränklichkeit machte ihn, wie wir schon im vorigen Abschnitt hervorhoben, der Einsamkeit zugeneigt und zu Anfang der Sechsziger Jahre konnte man ähnliche Verhältnisse beobachten, wie sie sich in den letzten Lebensjahren des unglücklichen Königs Ludwig II. gestalteten. Wie sein Sohn in den Jahren zunehmender geistiger Verwirrung sich hermetisch von seinen Rathgebern abschloß und mit Bedientenseelen und Speichelleckern sich umgab, so konnte auch sein Vater Maximilian sich nicht entschließen, häufiger im persönlichen Verkehr mit seinen Ministern zu arbeiten. Der schriftliche Verkehr zwischen König und Ministern, welcher der jetzt heranwachsenden Generation so seltsam erscheint, ist in der bayrischen Geschichte nicht neu. Maximilian II. führte ihn, allerdings von anderen Beweggründen wie

Ludwig II. getrieben. Allein auch schon damals machte diese Art der Regierungsleitung viel böses Blut und sie war vielleicht die Ursache, daß auch in Bezug auf Maximilian Gerüchte umliefen, welche in natürlich weit abgeschwächtem Maße denjenigen ähnelten, die in den letzten Jahren den geistigen Zustand Ludwigs II. zum Gegenstande hatten.

In der Nacht vom 9. zum 10. März 1864 hatten sich im Königlichen Residenzschlosse zu München tief erschütternde Scenen ereignet und als die Nachricht von dem Tode des Königs mit Blitzesschnelle hinaus drang bis an die fernsten Grenzen des Bayernlandes, da war tiefe Trauer ringsum. König Max war populär gewesen; heutigen Tages noch segnet man sein Andenken. Die Eigenart seines Todes ließ die abenteuerlichsten Gerüchte entstehen. Wahr ist folgendes: Eine Busennadel, welche der König trug, hatte mit ihrer scharfen Spitze seine Brust geritzt. Man achtete der anscheinend so geringfügigen Verletzung nicht, bis sich dieselbe urplötzlich verschlimmerte, Rothlauf hinzutrat, und in der erwähnten Nacht König Max seine edle Seele aushauchte. Doppelt war die Trauer im Bayernvolke. Es verlor einen König, den es liebte, und es sah mit bangem Blick einen Jüngling, einen Knaben fast noch, den Thron besteigen zu einer Zeit, in welcher die politischen Sturmfluthen jeden Augenblick alles verheerend in das ungeschützte Thal des Friedens in Deutschland hereinbrechen konnten.

Auf dem Throne.

Wie einem Menschen zu Muthe ist, der nach langen in dunklem Raume zugebrachten Stunden plötzlich die Augen grellem Lichte öffnet, so mag auch Ludwig den Contrast zwischen seinem stillen Leben und dem Strahlenglanze des Thrones empfunden haben. Der Gegensatz kann nicht schärfer gedacht werden. In seinen ersten Lebensjahren hielt man Ludwig für lungenleidend; die ängstlichste Sorgfalt wurde ihm also gewidmet. Nach dem am bayrischen Hofe üblichen Brauche war der junge Prinz isolirt erzogen. Keine Jugendfreude, die doch dem Buben des niedrigsten Unterthanen auf der Gasse zu Theil wird, wurde ihm, den das Geschick in seinem dritten Lebensjahre bereits zum Kronprinz machte, vergönnt. In wahrhaft mönchischer Clausur blühte er zum Jüngling heran. Ludwig hatte vom Großvater, dem ersten Ludwig, die glühende Phantasie, vom Vater aber die melancholische Schwärmerei geerbt -- Eigenschaften, welche in der Einsamkeit seiner Knaben- und Jünglingsjahre jenen Hang zur Abgeschlossenheit erweckten, der schließlich eine so furchtbare Katastrophe, wie die von Schloß Berg, zeitigen konnte.

Am 15. August 1863 war Ludwig 18 Jahr alt und damit nach bayrischem Staatsgrundgesetz volljährig geworden. Am 10. März 1864 verlor der bayrische Thron seinen Besitzer. Also noch nicht einmal 19 Jahr alt sollte Ludwig aus seiner in der Zurückgezogenheit begonnenen Entwickelung herausgerissen, mit jähem Ruck hinaufgezogen werden auf die steile und einsame Höhe der Majestät! Mit neunzehn Jahren sollten diese Schultern — und zeigten sie auch die Formen eines Apollo — die Last der Herrschaft tragen, sollte dieser von schwärmerischen Gedanken erfüllte Kopf für sein ganzes Volk denken! Mit 19 Jahren Vater von Millionen Unterthanen zu sein! Fürwahr, der Gedanke allein ist geeignet, im Wettersturm der Zeit erprobte und gefestete Köpfe schwindeln zu machen — des neunzehnjährigen Königs aber harrte die That. Denn die Erbschaft, die ihm hinterlassen war, war keine freudenvolle. Die Steine, welche des Klerus seinem Vater vor die Füße geworfen hatte, lagen auch vor den seinen; der Liberalismus, welcher mit dem König Max gehadert hatte, hob kühn sein Haupt dem gekrönten Jünglinge gegenüber und die politische Constellation in Deutschland war keine friedenvolle. Der alte Deutsche Bund lag in den letzten Zügen und konnte doch noch nicht sterben. Der „eiserne" Arzt hielt den Augenblick noch nicht für gekommen, um operativ einzugreifen. Einen ganzen Mann forderte jeder deusche Thron in diesen Zeitläuften und auf dem Throne Bayerns saß, mit dem Purpur geschmückt, ein Jüngling, rein und lauter in seinen Empfindungen, dem praktischen Leben fremd, dafür in einer eigenen geistigen Welt lebend. — — —

Und wahrlich — das war der rechte Fürst für Dich, du Bayernland, in jenen Tagen der Zweifel! König Ludwig war König geworden, er wollte König sein und er war es! Von Stund an fiel die alte, vorhin erwähnte, unständliche Regierungsweise fort; im persönlichen Verkehr mit seinen Ministern, jedem Rathe zugänglich, erörterte und erledigte der junge König die Staatsgeschäfte. Ein harter Kampf drohte ihm. Der Klerus wollte mit aller Gewalt die vollen Positionen, die er einst besessen, in Bayern wiedergewinnen. Mit dem ganzen edel-feurigen Temperament, das ihm eigen war, kämpfte Ludwig gegen den Ultramontanismus, der neben seinem sichtbaren Throne einen zweiten, unsichtbaren aufrichten wollte. Dem Liberalismus aber bot er die Hand. Die Kammer hatte vom König Max II. ein Gesetz erbeten, welches die 6jährigen Finanzperioden auf solche von dreijähriger Dauer abänderte. Der alte König hatte es abgewiesen, der junge König brachte es 1865 zur höchsten Ueberraschung der Kammer selbst ein. Noch im selben Jahre erkannte Ludwig das Königreich Italien an und schlug damit dem Klerus eine brennende Wunde, die jener dem Bayernkönige nie verziehen hat. Diesem aber wurde eine ebenso brennende Wunde durch das Jahr 1866 geschlagen. Als im Frühjahre dieses Jahres die Gegensätze zwischen Wien und Berlin immer schroffer wurden, als sich die Nothwendigkeit einer Waffenentscheidung immer zwingender herausstellte, da wurde Ludwigs deutsches Gemüth von diesem bevorstehenden Bruderkampfe auf's tiefste berührt. Nach beiden Seiten hin that er das denkbar mögliche, um eine blutige Entscheidung zu verhindern. Vergebens! Das Geschick nahm seinen Lauf. Nach dem bestehenden Verhältnissen mußte Bayern Hand in Hand mit Oesterreich gehen; mit blutendem Herzen ordnete Ludwig am 2. April 1866 die Rüstungen für die bayrische Armee an und es wird eine schwere Stunde für ihn gewesen sein, als er am 10. Mai den Befehl zur Mobilmachung signiren mußte.

Die Ereignisse des Jahres 1866 sind allzu bekannt, als daß wir auf sie einzugehen hätten. Das Schlachtenglück war den Bayern nicht hold, obwohl sie sich als tapfere Männer gezeigt hatten, die opferfreudig für ihren König und ihr Vaterland in den Tod gingen. Am 22. August schloß Bayern Frieden mit Preußen und von diesem Augenblick an datirt der Umschwung in der Feindschaft zwischen Nord- und Süddeutschland. Die Mailinie, die bisher trennte, sollte durch König Ludwig überbrückt werden. Gleich nach dem Kriege rief der König Männer an die Spitze des Staates, die seinen großdeutschen Ideen die rechte Gestalt zu geben im Stande waren. Das Ministerium des Aeußeren übernahm der als spezifischer „Preußenfreund" bekannte Fürst Clodwig von Hohenlohe. Der wichtige Posten eines Kriegsministers war noch während der letzten Stadien des Krieges durch den sehr fähigen und tüchtigen Generalmajor von Pranckh besetzt worden, und der treue Diener Maximilians II., der Cabinets-Secretair Lutz, erprobt und tüchtig, vervollständigte als Justizminister ein Ministerkleeblatt, welches nächst dem jungen Könige den meisten Antheil daran hatte, daß unter dem Donner der Geschütze vor dem cernirten Paris das deutsche Einigungswerk — der Traum vieler Jahrzehnte — zu Stande kam.

Herrscherfreuden und Herrscherleiden.

Wenn auch König Ludwig II. in entscheidenden Augenblicken thatkräftig in die Geschicke seines Landes und Deutschlands eingriff, so war er doch kein Fürst, der unablässig dem Staatsgetriebe sein Interesse schenkte. Was er als Jüngling war, als er den Thron bestieg: rein und keusch in seinen Empfindungen, wissensdurstig, schwärmerisch, die Einsamkeit liebend und in ihr seinen Träumen nachhängend — das blieb er als König und Mann. Seinen Regentenpflichten kam er getreu nach, aber sein Leben richtete er, höfischem Brauche zuwider, seinem Hange entsprechend ein. Schon zu Beginn seiner Regierung liebte er es, sich auf Schloß Berg — demselbem, das seine letzten Stunden gesehen — zurückzuziehen und sich seinen schwärmerischen musikalischen Genüssen zu überlassen.

Es fehlte vom ersten Augenblick von Seiten der Hofpartei, die mit allen Kräften strebte, einen Einfluß auf den König zu gewinnen, an nichts, um dies Ziel zu erreichen. Frauenschönheit war immer ein Lockmittel gewesen. Bei Ludwig II. verfing es nicht. Wer „Liebesgeschichten" des unglücklichen Königs schreiben wollte, müßte seine Leser mit Ausgeburten seiner eigenen Phantasie füttern; wahres brächte er nicht. Auch jene Fabeln von Orgien aller Art, die auf den weltabgeschiedenen Schlössern des Königs gefeiert worden seien, gehören in das Gebiet der Erfindung. In die sechziger Jahre hinein spielte auch der Beginn der Freundschaft zwischen dem Könige und Richard Wagner, der wir einen eigenen Abschnitt widmen, da sie zu den widersprechendsten Urtheilen den Anlaß gegeben hat.

Die Frage ist noch eine offene, ob nicht damals, als nach dem großen Ereigniß seines Lebens — seiner Verlobung mit der Herzogin von Alençon — Menschenscheu beim König sich mehrte und unbesiegbarer Drang nach verschwendrischer Pracht eintrat, ob nicht damals bereits durch vernünftige Rathschläge ein Uebel im Keime hätte erstickt werden können, welches so riesengroß heranwachsen sollte. Allein das seltsam geartete Gemüth des Königs, mehr aber vielleicht noch die allzuängstliche Scheu seiner Umgebung, kein Wörtchen verlauten zu lassen, das den hochfliegenden Ideengang Ludwigs durchkreuzen, aufhalten könnte, trugen die Schuld daran, daß man in Schloß Berg, in Hohenschwangau und Linderhof mit sklavischer Unterwürfigkeit alle die excentrischen Wünsche befriedigte, die sich bald einstellten.

Die intime Freundschaft, die ihn kurz nach seiner Thronbesteigung mit dem Componisten Richard Wagner verband, gab seiner Phantasie neuen und ausgiebigen

Stoff. Ludwig schuf sich aus Idealen eine Welt. Aber nicht zufrieden damit, sie in Gedanken erstehen zu sehen, wollte er sie seinen Augen sichtbar, seinem Fuß erreichbar hervorzaubern. Und nun begannen jene uns so wehmüthig seltsam anmuthnden Schöpfungen, die ihn in seiner idealen Welt festzuhalten bestimmt waren, feste Form anzunehmen. Wir werden in späteren Abschnitten jener oft recht bizarren und seltsamen Launen eines excentrischen Königs eingehend gedenken.

Ein Traum des Glückes.

Der junge König von Bayern war wie dazu geschaffen, Liebe zu geben und zu fordern. Die Natur hatte ihn reich begabt. Als sie seinem Geiste einen Reichthum verlieh — zu groß vielleicht, zu unersättlich — da vergaß sie auch seines Körpers nicht. Als er den Thron bestieg, nahm ein Apollo an Wuchs und Schönheit auf demselben Platz. Auf seiner hohen Stirn, in seinen großen Augen, aus denen der Blick mit südlicher Gluth brach, lag die ganze Reinheit und Keuschheit des unberührten Jünglings. In sein Herz hatte noch keine Leidenschaft ihre brennenden Züge geschrieben, jungfräulich wie sein Körper war sein Empfinden.

Dem Wesen, dem es gelingen sollte, die reine Flamme echter Liebe in dem großen Herzen Ludwigs zu entzünden, winkte ein Besitz, so groß, so hehr, daß er alle Opfer wie ein Nichts dagegen erscheinen lassen mußte. König Ludwig wäre ein Gatte geworden, wie er ein Mensch und König war: ohne Fehl, glückbringend, die höchsten Tugenden in sich vereinigend. Ersehnte er das Glück der Ehe? Sehnte er sich nach einem Herzen, um an dasselbe das lautpochende eigene zu legen?

Ein Traum des Glücks! Auch bei gekrönten Häuptern bleibt das reinste, menschlichste Glück zuweilen ein Traum. Manche verwinden das Erwachen und suchen in strengster Pflichterfüllung ihres hohen Berufes Ersatz für das Verlorene. — Naturen, wie die des Königs Ludwig sind wie die der Asra: sie sterben, wenn sie lieben, und wenn nicht körperlich, so geistig.

Eine Fürstentochter aus verwandtem Hause zog den König mächtig an. Die Tochter des Seniors der herzoglich bayrischen, der ehemaligen pfalz-zweibrücken-birkenfeldischen Linie, des Herzogs Max, die Prinzessin Sophie von Bayern erfüllte das Herz des jungen Ludwigs mit jener Glut, die sich nicht löschen läßt, bis auch ihr Gefäß in Stücke gegangen. Im Jahre 1867 fand die Verlobung statt. König Ludwig hat seine hohe Braut geliebt mit der ganzen Kraft seine Feuerseele. Er durfte nun von einem Glück träumen, das größer schien als der weite Horizont seiner Gedanken. Und doch blieb es nur ein Traum, und nicht einmal ein Traum bei dessen Erinnerung ein wehmüthig-seliges Lächeln unsere Lippen umspielt. Jäh zerriß das Band, das den König an die Prinzessin fesselte. Motive die in ihrer wahrsten Gestalt nie über den kleinen Kreis der Wissenden hinaus bekannt geworden sind, bestimmten den König, selbst das fesselnde Band zu lösen. Was über den Vorfall in das Publikum drang, ist heikler Natur und mit so viel abenteuerlichen Zügen ausgeschmückt, daß wir darauf verzichten, uns zu Nachtretern von Gerüchten zu machen, deren Wahrheitserforschung außer unserer Macht liegt. Aber nach allem bekannt gewordenen scheint die Prinzessin den Werth eines Mannes, wie es Ludwig war, nicht zu schätzen gewußt; als ob die Lauterkeit seiner Gefühle ihn bestimmt hätte, in dieser Angelegenheit nicht höfischen Brauch und politische Rücksichten, sondern den Schlag des eigenen Herzen, die Forderungen der eigenen persönlichen Mannesehre zur Richtschnur seines Handels zu nehmen.

Noch in demselben Jahre, 1867, war der Glückstraum des jungen Königs ausgeträumt. Wer ist im Stande, sein „Erwachen" zu schildern? Niemand! Kein menschliches Wesen ist Zeuge gewesen von den innern Kämpfen des Königs, der sich selbst gewaltsam von seinen süßesten Empfindungen trennte. Nur aus den Wirkungen kann man auf die Heftigkeit der Ursache schließen. Von nun an suchte der König nicht mehr die Einsamkeit um ihrer selbst willen, von nun an floh er die Menschen, von jener Stunde an haßte er die Frauen. Kein weibliches Gesicht durfte seinen Blicken begegnen und seine Umgebung hatte einst einen schweren Wettersturm königlicher Ungnade zu überstehen, als einst im reservierten Theile des Hofgartens eine Mutter es wagte, ihm ihre Tochter vorzustellen — — —. Künstlerinnen, die um ihre Kunst, nicht um ihrer weiblichen Eigenschaften willen, seine Anerkennung fanden, beschenkte er in wirklich königlicher Weise. Schmucksachen, Kunstgegenstände von hohem

Werthe, prachtvolle Blumen waren ihnen ein Zeichen, daß der König seine Göttin, die Kunst, in ihnen verehrte. Catull Mendès hat ein Buch über den romantischen Bayernkönig geschrieben — ein erdichtetes Zerrbild. Nur der Titel des Buches entspricht der Wahrheit. „Le roi vierge" — der jungfräuliche König!

Die Märchenwelt im Hochgebirge.

Gewiß, eine Märchenwelt! Was hier eines König's befehlendes Wort in überraschend kurzer Zeit entstehen hieß, war und ist heute noch wie eines jener Märchenwunder, von denen Scheherazade in „1001 Nacht" erzählt. Die Namen Hohenschwangau, Neu-Schwanstein, Linderhof, Berg, Herrenchiemsee bedeuten ebensoviele gepriesene Triumpforte der Baukunst wie einsame Stätten, an denen trübe Erinnerungen haften werden, so lange noch ihre Thürme in's Thal hinabschauen und ihre Zinnen den Berghäuptern ringsum den stummen Gruß entbieten. Hohenschwangau — wo fürchterlich und offen kund ward, was vordem die Lippe nur scheu dem Ohre zuzuraunen wagte — Schloß Berg — dessen Räume die Leiche des König's sah, triefend von dem Wasser des blauen Starnberger See's — wahrhaftig, hätten wir Alle nicht selbst dieses erschütternde Drama miterlebt, wir würden uns die Augen reiben, weil wir geträumt zu haben vermeinen. Und spätere Generationen werden verwundert vielleicht das wahrhaftige Märchen vernehmen von dem schönen einsamen Könige in der Märchenwelt des Hochgebirges, dessen Geist sich trübte, umnachtete, der die Nacht zum Tage machte, Wunder des Südens in seiner nordischen Heimath neu erstehen ließ und der endlich die ganze Misère durchkosten mußte, wie sie einem Menschen nicht erspart bleibt, welcher ein Mißverhältniß zwischen seinen Einnahmen und Ausgaben herbeiführt — in der That, Jahrhunderte werden dahingehen und Millionen Erinnerungen mit sich hinabreißen in den Abgrund todter Vergessenheit — aber die Erinnerung an Schloß Berg und seine welterschütternde Katastrophe wird jede Generation der folgenden überliefern.

Die fünf obengenannten Schlösser, die eng verwoben sind in die Geschichte des bedauernswerthesten aller deutschen Fürsten, haben auch im Rahmen unserer kleinen Schrift Anspruch darauf, geschildert zu werden.

Wer Hohenschwangau nicht selbst gesehen, macht sich leicht einen falschen Begriff davon. Man denkt an rauhstarrendes Gebirge als seine Umgebung, — nur ein freundliches Waldthal, welches ein tiefgebetteter Bach durchrauscht, bildete dieselbe. Jenseits der Schlucht erst heben sich die Zinnen und Thürme von Hohenschwangau. Hüben stehen die wenigen Häuser des Dorfes und zwischen den dunklen Stämmen der dichtbelaubten Bäume hindurch sieht man die grüne Fläche des Alpsees. Ein mit feinem Kies bestreuter Fahrweg, an beiden Seiten von schattigen Bäumen eingefaßt, führt zum Schloßthor hinan, einem alten Spitzbogenthor mit ein paar Rittergestalten, die Wache zu halten scheinen. Ueberall in den prunkvollen Gemächern tritt uns der „Schwan", der dem Schlosse den Namen gab, entgegen: in edlem Erz und Stein, in Glas und Holz als Zierrath und zu allen nur irgend erdenklichen Geräthschaften geformt. Der Ausblick von den Zinnen des Schlosses ist zauberisch. Auf vier Seen schaut man hernieder, dort der Alpsee, hier der Schwansee, dort unten der Hopfensee und der Bannwaldsee. Ringsum heben die Berge trotzig ihre starren Häupter in die Lüfte. Drüben, jenseits der Schlucht, steigt schwarz eine Bergwand hinan: Dort schimmert im Silberglanz Neu-Schwanstein, die unvollendet gebliebene, an Räthseln reiche Burg. Der Bau ist ein Spiegelbild der seltsamsten Phantasie des Königs Ludwigs. Dort oben, auf dem steilen Grate, ist wenig Raum, und doch, wie ausgenützt erscheint Alles! Niemand weiß, wie die Burg dereinst aussehen sollte — der Baumeister hatte Stück für Stück die Pläne nach den Phantasien des Königs zu entwerfen. Felsen und Abgründe waren da oben. Platz mußte geschafft werden. Man zersprengte die Felsen und füllte damit die Abgründe und dann gab es wieder Platz zu hochaufstrebenden Thürmen, starken Mauern mit Bogenfenstern, so groß wie Burgthore. Kein Unberufener durfte den Bauplatz betreten; eine Gralsburg sollte es werden. Nun schauen die silberweißen Mauern still und traurig hinab in das grüne Laubthal und harren des königlichen Mundes, der die

Mauern der Burg sich weiter dehnen, die Thürme höher emporzustreben heißt.

Tief in der Thalschlucht, in dem Winkel zwischen der Klammspitz und dem Hennenkopfe, fürwitzigen Blicken verborgen, liegt das einst unnahbare Tusculum des Bayern-Königs, Linderhof. Im Graswangthale steht der Wegweiser, aber er höhnt nur mit seinem ausgestreckten Arme: „Weg nach dem Linderhof" den sehnsuchtsvoll nach der Herrlicheit desselben verlangenden Touristen. Wie das Sommerheim des Königs auf dem Schachen, so war auch Linderhof von Gensdarmen abgesperrt. Nur des Nachts, wenn es für den jungen König Tag wurde, wurde es kurze Sekunden lebendig auf den Waldwegen. Wie die wilde Jagd sauste sein Gespann über die dunkle Straße, von den Fackeln der Begleitung stoben die Funken in den schwarzen Forst — in tiefes Träumen verloren, saß in seinem von den stärksten Pferden gezogenen einsitzigen Wagen der König — wie ein Spuk fegte die ganze Truppe vorbei an dem verspäteten Wanderer, der scheu zurücktrat, die Worte murmelnd: Armer König!

Der Linderhof ist gleichsam eine Jugendarbeit des unglücklichen Königs. Ein Versailler Schloß im Hochgebirge, von ehernen Löwen bewacht und mit grünen Hecken umsponnen, deren Nischen eine wahre Besatzung von Marmorstatuen haben, befehligt von Ludwigs XIV. selbst, dessen Steinbild auf einem Hügel steht. Kostbare Gobelins schmücken das Innere, Kamine aus afrikanischem

Onyx und wunderbare Goldstickereien nach des Königs eigenem Entwurf. Darunter befinden sich auch jene berühmten Vorhänge und Decken aus purpurrothem Sammet, die mit echtem Golddraht bestickt sind und das Königliche Bett umgeben. Sie haben allein die Kleinigkeit von fast einer Million Mark gekostet. Von den Fenstern des Schlosses blickt man über die uralte Linde des Linderhofes und die hochauf und rastlos ihren Strahlenregen sprühende Fontäne hinweg nach einem merkwürdigen Gebilde der Kunst und Natur. Wie aus lauter Blumen aufgeschüttet erhebt sich dort ein Hügel, der den Säulentempel der Frau Venus trägt. Zweihundert Marmorstufen führen zu ihm hinan.

Unter dem Schloß aber, hinter steil niederfallenden, melodisch rauschenden Wasserschleiern, ist ein neues Wunder. Eine mächtige Höhlung ist in den starren Fels hineingearbeitet und dorthin hat man das blaue Wunder Capris, die blaue Grotte, hinein gezaubert. Künstlich gebaut war der See, künstlich war das Licht, das von oben darauf herniederfiel, künstlich endlich die Wärme des Südens, denn selbst während der Abwesenheit des königlichen Phantasten wurde Tag und Nacht, Sommer und Winter die Grotte geheizt und erleuchtet, damit der Felsen niemals erkalte. Noch ein Wunder, diesmals ein echtes Wunder aus dem märchenhaften Orient, birgt die Umgebung des Linderhofes. Im dunklen Fichtenwalde, an einem dunklen See steht ein maurisches Schlößchen. Den See hat ein Meister des Wasserbaues dorthin gezaubert, das Schlößchen ein Meister der Architektur. Schwer ist es, dasselbe zu schildern. Alle Farben, alle Formen grüßen uns. Der Mittelraum ist ganz aus Spiegeln erbaut, welche mit silbernen Pflanzen aller Art besetzt sind. Der Blick schweift auf diese Weise in's Grenzenlose. Das Ganze ist mit Edelsteinen aller Art besäet; die phantastischen Geräthe blitzen von Juwelen; jede Arabeske ist ein kleiner Schatz. In der Mitte steht ein ungeheurer Pfau mit ausgebreitetem Schweife, der mit Tausenden von Smaragden und Türkisen besetzt ist. Und nun wandere der Leser mit hinauf in die „Hundingshütte" hoch oben im Gebirg, oberhalb des Lindermooses, wo die Dreithorspitze sich emporgipfelt. Dort auf menschenöder Stätte hat der excentrische König das Urbild jener Hütte sich errichten lassen, die wir aus der „Walküre" als Hundings Wohnhaus kennen. Ein riesenhafter Baumstamm bildet den Hauptpfosten, Baumrinde ist Dach und Wand. Felle sind die Teppiche, Trinkhörner der Hausrath. — —

Ja, eine Märchenwelt voll seltsamer Wunder hat der König in dem von ihm so zeliebten Hochgebirg erstehen lassen. Aber jetzt haftet auf allen den flimmernden, glitzernden Wunderwerken ein Fluch; an ihnen und in ihnen haben sich jene Wahngebilde zu jenen entsetzlichen Verirrungen des Geistes verstärkt, die auf die letzte Lebenszeit des Monarchen so grelle Schlaglichter warfen. Und jene Prachtbauten endlich waren Schuld, daß sich das einem König ungewohnte Wort „Schulden" vernichtend in seinen Ideengang eindrängte und vielleicht nicht zum wenigsten auf den hochtragischen Ausgang seinen unheilvollen Einfluß ausübte.

Anno 70.

Die schweren Wetterwolken, welche ausgangs der sechziger Jahre den politischen Horizont Deutschlands umsäumten, drängten zu einer Entscheidung. Die Verhältnisse waren unhaltbare geworden, eine reine Luft mußte einziehen in Deutschland — mochte auch das Gewitter, das sie hervorbrachte, noch so schwer sich entladen.

Die Kunde von der Brutalität des französischen Gesandten zu Ems flog durch alle Lande — wie sie in eines jeden redlichen deutschen Mannes Herz flammenden Zorn entzündete, so entflammte sie auch das königliche Herz Ludwigs II. von Bayern. Am 15. Juni, an demselben Tage, an welchem König Wilhelm von Preußen nach Berlin zurückkehrte, erklärte König Ludwig den Kammern, die nur allzu geneigt schienen, die Mittel zu einer „bewaffneten Neutralität," diesem Zwischending zwischen Krieg und Frieden zu gewähren, mit einem Freimuth, der heute noch verklärend auf sein Bild wirkt: „Treu dem Allianzvertrage, für welchen ich mein königliches Wort verpfändet habe, werde ich mit meinem mächtigen Bundesgenossen für die Ehre Deutschlands und damit für die Ehre Bayerns einstehen, wenn die Pflicht es gebietet!" Hei, wie der Klang dieser echt königlichen Worte in Berlin wiederhallte! Wir Süddeutschen gehen mit! Das war ein Wort, um den Norddeutschen hochauf jubeln zu lassen. Hat auch König Ludwig während des Krieges selbst fern dem Schauplatze desselben in seinem Bergschlößchen geweilt — jener eine rasche Entschluß, der aus dem echten Deutschen Herzen kam, ist sein unbestreitbares, persönliches Verdienst, das niemand ihm schmälern darf und das in der Geschichte der Völker und Staaten mit leuchtenden Lettern ewig prangen wird.

Alldeutschland nach Frankreich hinein! Nord und Süd waren geeint bei dem großen Werke, dem alten Erbfeind alle Lüste auf deutschen Grund und Boden gründlich zu nehmen. Der Bayer und der Pommer, der Sachse und Westfale, der Württemberger und der Preuße — sie zogen, unaufhaltsam von Sieg zu Sieg vorschreitend im wälschen Lande, dem bastionenumgürteten Paris zu, hier das Riesennest mit waffenstarrenden Armen fest zu umschließen.

Als der zweite September aller Welt die kaum glaubhafte Mär verkündete, daß der mächtige Franzosenkaiser gleich dem geringsten seiner Mannen ein Gefangener in den Händen Derer sei, die er frevelhaft in die Wirrnisse des Kriegstumultes gezogen, da war es wieder König Ludwig, der die Hand bot, auf daß die Maingrenze, die bisher für unübersteiglich gehaltene Scheidewand zwischen dem Norden und Süden Deutschlands, fallen möge.

Der preußische Minister von Delbrück erschien zu Vorbesprechungen in München. Beim König selbst hatte er leichtes Spiel, aber die Volksvertretuug mußte gewonnen werden. Und wieder wie damals, als König Ludwigs edler Freimuth die Kammern bestimmte, mit Preußen in den Krieg gegen Frankreich zu ziehen, so siegte auch jetzt der eifervolle Wille des begeisterten Monarchen über alle kleinlichen Bedenken der Parteien. Des Königs Hand schlug ein — der erste Ring in der neuen Kette der Einheit Deutschlands war geschlossen!

Schon am 3. December 1870 konnte Prinz Luitpold, welcher die schöne bayrische Armee im Felde vertrat, dem König Wilhelm von Preußen das folgende Schreiben des Königs Ludwig überreichen:

„Nach dem Beitritt Süddeutschlands zu dem deutschen Verfassungsbündniß werden die Ew. Majestät übertragenen Präsidialrechte über alle deutschen Staaten sich erstrecken. Ich habe mich zu deren Vereinigung in einer Hand in der Ueberzeugung bereit erklärt, daß dadurch den Gesammtinteressen des deutschen Vaterlandes und seiner verbündeten Fürsten entsprochen werde, zugleich aber in dem Vertrauen, daß die dem Bundespräsidium nach der Verfassung zustehenden Rechte durch Wiederherstellung eines deutschen Reiches und der deutschen Kaiserwürde als

Rechte bezeichnet werden, welche Ew. Majestät im Namen des gesammten deutschen Vaterlandes auf Grund der Einigung seiner Fürsten ausüben.

Ich habe mich daher an die deutschen Fürsten mit dem Vorschlage gewendet, gemeinschaftlich mit Mir bei Ew. Majestät in Anregung zu bringen, daß die Ausübung der Präsidialrechte des Bundes mit Führung des Titels eines deutschen Kaisers verbunden werde.

Sobald Mir Ew. Majestät und die verbündeten Fürsten Ihre Willensmeinung kundgegeben haben, würde ich Meine Regierung beauftragen, das Weitere zur Erzielung der entsprechenden Vereinbarungen einzuleiten.

Ludwig."

Zu gleicher Zeit hatte König Ludwig an den König Johann von Sachsen das folgende Handschreiben gelangen lassen:

„Durchlauchtigster, großmächtigster Fürst, freundlich lieber Bruder und Vetter! Die von Preußens Heldenkönig siegreich geführten deutschen Stämme, in Sprache und Sitte, Wissenschaft und Kunst seit Jahrhunderten vereint, feiern nunmehr auch eine Waffenbrüderschaft, welche von der Machtstellung eines geeinigten Deutschlands glänzendes Zeugniß giebt. Beseelt von dem Streben, an dieser werdenden Einigung Deutschlands nach Kräften mitzuwirken, habe Ich nicht gesäumt, deshalb mit dem

Bundeskanzleramte des Norddeutschen Bundes in Verhandlungen zu treten. Dieselben sind jüngst in Versailles zum Abschlusse gediehen. Ich wende mich daher an die deutschen Fürsten, insbesondere an Ew. Majestät, mit dem Vorschlage, gemeinschaftlich mit Mir bei Sr. Majestät, dem Könige von Preußen in Anregung zu bringen, daß die Ausübung der Präsidialrechte mit Führung des Titels eines deutschen Kaisers verbunden werde. Es ist mir ein erhebender Gedanke, daß Ich Mich durch Meine Stellung in Deutschland und durch die Geschichte Meines Landes berufen fühlen kann, zur Krönung des deutschen Einigungswerkes den ersten Schritt zu thun und gebe Ich Mich der freudigen Hoffnung hin, daß Ew. Königliche Majestät Meinem Vorgehen freundliche Zustimmung ertheilen werden. Indem ich Mir daher das Vergnügen gebe, Ew. Königlichen Majestät gleich den übrigen verbündeten Fürsten und freien Städten, um Deren gefällige Willensmeinung zu ersuchen, bin Ich mit Versicherung vollkommenster Hochachtung und Freundschaft Ew. Königlichen Majestät freundwilliger Bruder und Vetter

Ludwig."

Es hat in den jüngsten Tagen nicht an Versuchen gefehlt, dem Bayernkönige die Initiative in der Schaffung der deutschen Kaiserwürde abzusprechen. In verschiedenen sächsischen Zeitungen wurde darauf hingewiesen, daß es notorisch feststehe, daß man von Versailles aus, da man den König Ludwig anfangs abgeneigt glaubte, beim König Johann von Sachsen anfragte, ob er, im Fall Bayern sich weigern sollte, als Nachfolger des mächtigsten Kurfürsten im früheren deutschen Reich, den deutschen Fürsten den Vorschlag thun wolle, König Wilhelm die Kaiserkrone anzubieten. König Johann von Sachsen gab ohne Bedenken eine zustimmende Erklärung. Als nunmehr der Großherzog von Baden bei König Ludwig Schritte that und ihm zugleich aus der Geneigtheit des sächsischen Königs kein Hehl gemacht wurde, da ergriff der junge Monarch, seinen edelsten Wallungen folgend, die Feder und schrieb den vorstehenden Brief, der ihm zu hoher Ehre gereicht.

Wir haben bereitwillig auch diese Lesart in unsere kleine Schrift aufgenommen, da sie von ernsten Blättern, solchen, denen man glauben darf, bestätigt wurde. Aber jene hindert keineswegs, daß wir den Opfermuth Ludwigs II. gerade in dieser Frage in leuchtendem Glanze erstrahlen sehen. Schon durch den Entschluß einer Vereinigung Bayerns mit Norddeutschland büßte Ludwig ohne Frage einen erheblichen Theil seiner souveränen Prärogative freiwillig ein. Nun lag für ihn gewiß kein weiterer äußerer Grund vor, die Machtfülle des preußischen Königs noch zu vergrößern — da aber pflanzte er den Baum des idealen Princips auf, das deutsche Kaiserthum entstand wieder und so lange noch die Kaiserkrönung von Versailles im Gedächtniß der Deutschen leben wird, so lange haftet auch das Bild des Bayernkönigs Ludwig II. unauslöschlich in den Herzen der Deutschen!

König Ludwig und Richard Wagner.

Zunder und Flammen — man soll sie nicht zusammen bringen. Bei aller Hochachtung vor der künstlerischen Bedeutung des „Dichter-Componisten" Richard Wagner scheint es doch, als sei es für den jungen Bayernkönig besser gewesen, hätte er nicht die persönliche Bekanntschaft Wagners gemacht, oder wäre zum mindesten diese Bekanntschaft nicht so intim geworden. Ludwig war ein Musikfreund, längst bevor er Wagner kannte. Bei dem eigenartigen Gemüthe des König, bei seinem Hange zur Schwärmerei, bei seiner Vorliebe für die Einsamkeit mußte gerade Wagner mit seiner Musikrichtung einen ungeheuren Einfluß auf den empfänglichen Sinn Ludwigs ausüben. Und die Stimmen, welche heute offen es aussprechen, daß die Erfahrungen, welche Ludwig aus dieser Kunstbekanntschaft zog, seinem unglücklichen Hang zur Einsamkeit einen erhöhteren Impuls gegeben haben, sind gewichtig genug, um gehört zu werden. Zudem ist die von ihnen ausgesprochene Ansicht durch Thatsachen mehr als genügend belegt.

Bezeichnend ist, daß bald, nachdem Richard Wagner in die Nähe des Königs gezogen war, schon in einem Theile der Münchener Bevölkerung die Meinung entstand, Wagner übe einen verderblichen Einfluß auf den König aus und dieser Einfluß erstreckte sich nicht nur auf ideales, sondern auch auf sehr reales Gebiet, auf das der Politik. Es wird schwer sein, die Begründung dieser Meinung nachzuweisen, aber ebenso wird die Grundlosigkeit derselben, was den persönlichen Einfluß anlangt, kaum Vertheidiger, ausgenommen vielleicht durch die enragirtesten Wagnerjünger, finden. Damals bereits soll eine Deputation von Einwohnern Münchens eines Tages vor dem Könige erschienen sein, um ihn zu beschwören, sich diesem Einflusse zu entziehen und Wagner zu entlassen. Die Deputation wurde höchst ungnädig entlassen und der König wandte bald darauf München den Rücken. Er soll in jener Vorstellung einen Mangel an der ihm schuldigen Ehrfurcht, einen Zweifel an der Selbständigkeit seines Willens erblickt haben. Dieser Vorfall wird auch mit den veränderten Plänen Ludwigs in Bezug auf die weitere Ausschmückung Münchens durch neue Prachtbauten ꝛc., in Verbindung gebracht. Vordem soll es Ludwigs II. Plan gewesen sein, eine Prachtstraße zu bauen, welche, parallel zur Maximilianstraße laufend, von dem Platze vor der Residenz durch den Hofgarten nach der Isar sich ziehen, diese auf einer monumentalen Brücke überschreiten und in einem imponirenden Theaterbau endigen sollte, der wie das Maximiliannum, die jenseitige Uferhöhe krönen sollte. Natürlich sollte dieses Theater nach Wagners Prinzipien gebaut werden und vor allem für die Aufführung seiner inzwischen vollendeten großen Nibelungentrilogie dienen. Das Alles unterblieb, als der König die wagnerfeindliche Stimmung in München erfuhr. Die Vorstellung der Münchener Bürger hatte das Gegentheil von dem zur Folge, was man erhofft hatte, nach wie vor wurde das Füllhorn der königlichen Munificenz über den damals noch auf eine kleine Gemeinde angewiesenen Meister ausgeschüttet. Aber eins darf nicht verfehlt werden: der allzuweit getriebene Wagnercultus des Königs hat nicht wenig dazu beigetragen, daß dieser dem Münchener Publikum und dem öffentlichen Verkehre entfremdet wurde.

Nach dieser Richtung hin dürfte der verderbliche Einfluß festgestellt erscheinen. Daß er auch auf geistigem Gebiete unheilvoll für den König war, darf angenommen werden. Solange König Ludwig in der selbstgeschaffenen stillen Welt der eigenen Ideale blieb, bot sein Thun nichts, was zu einem Vorwurf den Grund abgeben könnte. Wagner's Entschluß aber hat ganz bestimmt in soweit bestimmend auf den König eingewirkt, daß dieser seine Ideale zu körperlichem Dasein verhelfen wollte und in diesem Augenblicke, da er zuerst beschloß, den Träumen in seiner Brust durch Kunstgebilde Verkörperung zu geben, wurzeln alle jene traurigen Verhältnisse der letzten Zeit.

König Ludwig mag zuweilen selbst die Last gefühlt haben, welche der tägliche Umgang mit einem Charakter wie ihn Wagner besaß, hervorrief. So ist es auch erklärlich, daß bei aller Verehrung, welche Ludwig II. für den genialen Tondichter hegte, in den letzten Jahren der innige persönliche Verkehr zwischen Beiden sich etwas gelockert hatte. Eine unbedeutende Kleinigkeit, welche aber den König verletzt hatte, war der Anlaß gewesen. Wagner hatte bei dem König zu Mittag gespeist und, aufgeregt wie er eben häufig war, bei Tafel so lebhaft auf den Tisch geschlagen, daß eine Weinflasche umfiel. Das hatte den König, der in den unbedeutendsten Dingen eine außerordentliche Empfindlichkeit zeigte, arg verstimmt. Wenn er auch später einmal zu seinem Vertrauten lachend äußerte: „Der Wagner ist gar zu aufgeregt, er wirft mir ja die Gläser und Flaschen vom Tische," so hatte doch die Erinnerung an diesen kleinen, an sich lächerlich unbedeutenden Zwischenfall genügt, um das innige Verhältniß zwischen König und Componisten etwas zu lockern. —

Wir haben uns die Abfassung dieser kleinen Schrift die Unparteilichkeit zur ersten Pflicht gemacht und halten es deshalb für angezeigt, auf einen, in der Tagespresse wenig hervorgetretenen Umstand aufmerksam zu machen, der um so mehr bemerkt zu werden verdient, als man von gewisser Seite Richard Wagner für die Krankheit geradezu verantwortlich macht. König Ludwig II. hat verhältnißmäßig sehr w e n i g Wagner'sche Musik genossen. Außer den Privatvorstellungen, und spärlich genug waren diese denn am Ende doch, hörte der König keine Musik des Meisters. Das war auch ziemlich natürlich. Bei dem raschen und beständigen Wechsel der Residenzschlösser war die Veranstaltung musikalischer Aufführungen auch ganz unmöglich geworden.

Wir wollen diese kleine Skizze mit der Mittheilung beschließen, wie König Ludwig die Nachricht von dem Tode Richard Wagners aufnahm. Wagner hatte seinen hohen Protektor das letzte Mal in München gesprochen und zwar im Oktober des Jahres 1882, als er auf seiner Durchreise nach Venedig die bayrische Hauptstadt berührte. Vier Monate später, am 13. Februar 1883 traf aus Venedig folgendes Telegramm an den König ein: „Richard Wagner est mort cet après-midi trois heures. Cosima Wagner (Richard Wagner ist heute Nachmittag 3 Uhr gestorben. Cosima Wagner). Dem Ministerialdirektor von Bürkel war die schwere Aufgabe zugefallen, dem Könige die Nachricht zu bringen. Und als er — es war zu später Nachtstunde — endlich langsam mit der Wahrheit herrausrückte, rief der König: „Entsetzlich — fürchterlich — lassen Sie mich jetzt allein!“ Einige Stunden später ließ der König den Ministerialdirector rufen und sagte ihm: „Die Leiche Wagners gehört mir; man soll in Venedig nichts wegen der Ueberführung ohne meine Anordnungen thun!“

Und so geschah es denn auch. Der Conduct ist genau den Befehlen des Königs gemäß von Statten gegangen.

Die Kunst auf dem Throne.

Rund zwanzig Jahre hat König Ludwig II. auf dem Thron Bayerns gesessen und es erscheint angesichts der furchtbaren Katastrophe, mit welcher seine Regierungsthätigkeit schloß, nicht ohne Interesse, die Wandlungen des Geistes zu betrachten, die sich im Laufe der Regierung Ludwigs in diesem vollzogen. Zunächst war es die Begeisterung für die Musik, die des Königs ganze Seele erfüllte, wie wir in dem Abschnitte „König Ludwig und Richard Wagner“ eingehender erörterten. Dann nahm die Dichtkunst und vor allem das Drama ihn ganz gefangen und endlich entstand in ihm jene unbegrenzte Vorliebe für die Architektur und namentlich für das französische Barocke. — Aus der edlen Einfachheit der Tonwelt entwickelte sich jene maßlose Prunksucht und Verschwendungssucht, die in den letzten Jahren vornehmlich nach der einen Richtung hin in den überaus kostspieligen Bauten, nach der anderen in unbegreiflichen Geschenken an Niedrigstehende sich documentirte.

König Ludwig war der rechte Monarch, um auf ihn das Wort „Die Kunst auf dem Throne“ anzuwenden. Ehe noch sein Geist von der Bahn gesunden

Denkens und klarer Vorstellung abirrte, konnte der junge Bayernkönig Anspruch darauf erheben, zu den kenntnißreichsten Monarchen gezählt zu werden. Er besaß thatsächlich umfassende Kenntnisse, namentlich in der Geschichte und Volkswirthschaft, dabei einen treffenden Witz und ein überraschend klares Urtheil in Angelegenheiten der Kunst. Dabei war er sowohl der Sprache wie der Feder ungemein mächtig. Wie er es verstand, seine Gefühle in Tönen ausströmen zu lassen, so war ihm auch die Muse der Dichtkunst hold gesinnt gewesen. Zur Pallas Athene gesellt sich ungern der kriegerische Mars. Auch bei Ludwig herrschte eine Art Abneigung gegen Alles, was Soldaten heißt. Auch diese Abneigung will man Richard Wagner zur Last legen — ob mit Recht oder Unrecht, können wir nicht entscheiden. Einen guten Witz liebte der König und nicht selten gestattete er sich, auch auf diesem Gebiete sein eigenes Können zu bethätigen. Den schönen Künsten und Wissenschaften war er mit ganzer Seele ergeben.

Leider stillte der König seinen literarischen Durst fast ausschließlich aus dem Borne der Literatur, welche sich mit der Zeit Ludwigs XIV. beschäftigte. Auch diesen Unglückskönig Frankreichs fällt das Ereigniß, unter dem heute das Bayernvolk seufzt, zur Last. Der König ging ganz in diesem Zeitalter auf. Alles was es an Poesie und Literatur, an Baukunst und Malerei, Trachten und staatlichen Zuständen hervorbrachte, fesselte des Königs Interesse dergestalt, daß er es nachzuahmen suchte.

Die eingehendsten Studien widmete er den Lebensgeschichten einer Julie de Montespan, einer Ninon de l'Enclos, einer Marquise La Vallière. Die Pompadour ließ er sich an die hundert Mal in Email, in Oel, in Aquarell, Gouache, in Pastell und Kreide malen. Die ganze vorhandene Literatur über dieses Zeitalter durchflog, durchstudierte er. Selbst in jenen Separatvorstellungen seines Hoftheaters figurirten die Stücke, welche ihren Stoff aus jener Zeitepoche schöpfen, so z. B. Brachvogels „Narziß", Victor Hugo's „Marion de Lorme" und Andere. Er beauftragte seine „besoldeten" Schriftsteller Heigel und Schneegans, ihm Dramen aus dem Zeitalter Ludwigs XIV. zu schreiben und belohnte sie königlich für ihre Werke, die nur für ihn geschrieben waren und von denen kaum eins den Weg auf die Bretter fand. In dem obengenannten Victor Hugo'schen Stücke sah er zum ersten Male den jetzt berühmt gewordenen Schauspieler Josef Kanitz als Didier und eine intime Freundschaft, die allerdings nicht lange dauerte, war die Folge davon. König und Schauspieler verkehrten und correspondirten mit einander unter den Namen zweier Figuren des Stückes, des „Marquis de Savary" und „Josef Didier." Den Heißhunger — diese Bezeichnung ist durchaus zutreffend — König Ludwigs auf französische Literatur illustrirt am besten das folgende Ereigniß. Von einem Pariser Verleger war dem Könige vor Jahren der erste Band eines großen, seinen Lieblingskönig Ludwig XIV. behandelnden Werkes zugesandt worden. Das von einem der ersten Historiker Frankreichs verfaßte Buch interessirte den König in so hohem Grade, daß er nach Beendigung der Lectüre bei dem Verleger in Paris anfragen ließ, wann er den zweiten Theil erhalten könne, und als dieser den König an den Verfasser verwies, ließ Ludwig dem letzteren ein Extra-Honorar von 40000 Francs anbieten, wenn er binnen 14 Tagen das Buch abliefern könne. — Der Geschichtsforscher soll, wie man erzählt, dem Könige gar keine Antwort gegeben haben. Das Interesse Ludwigs für die historische Gestalt der Pompadour erhellt aus dem folgenden Vorfall: In einem Schauspiel „Eine Ballnacht unter Ludwig XV." war der Pompadour eine stumme Rolle zuertheilt. Eine Solotänzerin entzückte den König derartig durch ihr ähnliches Aussehen, ihre stolzen Verbeugungen, ihre etiquettenmäßigen Manieren, daß er die Dame sofort auf Lebensdauer engagiren ließ.

Hier mag auch die Aeußerung eines Münchener Künstlers Platz finden, welche den Eindruck wiedergiebt, welchen der König selbst auf reich talentirte Menschen hervorbrachte. „Ich hatte eine Audienz bei dem Könige —" so erzählte der Künstler. — „Drei volle Viertelstunden dauerte sie. Ich stand bebend vor dieser glanzvollen Herrschergestalt und kam mir wie ein armer Schulbube vor, als ich verabschiedet wurde Welche Ueberlegenheit! Welch vielseitiges Interesse! Lächelnd blickte er mich aus seinen wunderbaren Augen an und wie spielend zog er im Gespräche einen förmlichen Kreis um mich. Woher ich sei und welche Stammeseigenschaften sich in meinem künstlerischen Schaffen ausprägen müßten; mit wem ich gesellschaftlich und mit wem ich in meiner Lectüre literarisch verkehrte, wie ich zu der Gesammtheit der bildenden Künste stünde, ob die Musik auf mich wirke — dies und vieles andere forschte er aus mir heraus und an jede meiner Antworten knüpfte er eine allgemeine Betrachtung, so voll von Kenntniß, von einer Theilnahme und hinreißender Beredsamkeit, daß ich in meinem Nichts mir unendlich gering vorkam, viel, viel geringer als ich bin — — — —."

Am meisten spiegelte sich das Zeitalter Ludwigs XIV. in seinen architektonischen Phantasien wieder. Das ganze Versailler Schloß, in sklavisch getreuer Nachahmung, wollte er auf die abgelegene öde Herreninsel im Chiemsee setzen. Der angefangene Bau übertraf alle anderen Bauten des Königs an Großartigkeit. Schon über zehn Millionen hat der Bau von Herrenchiemsee bislang verschlungen und wäre er zur Vollendung gekommen, so hätten sein gänzlicher Ausbau und seine Ausschmückung nach den phantastischen Plänen des Königs noch weitere 20 Millionen gekostet — jetzt zerfällt der Bau schon wieder zur Ruine. —

Der einsame König. — Im Sagenschleier.

Es verlohnt, etwas ausführlicher auf die Erzählungen einzugehen, welche im Volke über die Art, wie König Ludwig in seiner Einsamkeit lebte, cursiren. Bald nach seiner Thronbesteigung, in verstärktem Maße aber nach der Aufhebung seiner Verlobung und nach dem Fortgange Richard Wagners von dem bayrischem Königshofe, trat der Hang zur Einsamkeit hervor. Die Sucht, sich dem Menschenauge zu verschließen, wo dies nur irgend als möglich sich erwies, nahm besonders mit den letzten Lebensjahren des Königs zu; allein auch schon in seinen ersten Regierungsjahren finden wir seltsame Proben eines nach absoluter Einsamkeit verlangenden Königsgemüthes. Halbe Tage lang saß Ludwig, mit Lectüre beschäftigt, allein in einem Winkel seines Gemaches. Niemand durfte ihn stören — schwerer Zorn hätte sich gegen den Unvorsichtigen entladen. Selbst in seinen ersten Königsjahren scheute sich Ludwig vor Diner's, an denen Fremde Theil nahmen — mit Ausnahme weniger Fälle, in denen er gezwungen war, hohe Staatsmänner zur königlichen Tafel zu ziehen, speiste er allein, höchstens mit seinem Adjutanten. Genau so hielt er es mit seinen Promenaden in den Parks und seinen Ausfahrten. Die ersteren machte er stets allein; sein persönlicher Adjutant hatte den Befehl, in einer größeren Entfernung ihm zu folgen.

Je mehr der König in seine eigene ideale Welt sich vertiefte, desto mehr entfernte er sich von dem realen Boden des alltäglichen Lebens. Der Tag war nicht sein Freund. Die Helle des Tages entsprach nicht seinem grüblerischen, schwärmerischen Sinne. So wählte er die Nacht, um zu leben. Frühmorgens, wenn andere Menschen sich gestärkt vom Lager erheben, suchte König Ludwig das seinige auf, um den verhaßten Tag in den weichen Pfühlen des Bettes, hinter Vorhängen, die keinen Strahl der Tagessonne zu ihm dringen ließen, zu verschlafen. Erst zu später Nachmittagsstunde gab es für den König das Lever. Dann aber begann für seine Dienerschaft ein schwerer Dienst. König Ludwig war mit den Jahren eigenwillig, launisch geworden. Der geringste Verstoß gegen das von ihm eingeführte Ceremoniell wurden geahndet. Begegnete bei seinen Promenaden des Königs Blick einem fremden Antlitz, so konnte seine Umgebung auf ein Ungewitter rechnen, das, so schnell es auch verflog, doch auch „Blitzeinschläge“ zu verzeichnen hatte. Nach seinem längeren intimen Verkehr mit Wagner streifte des Königs Phantasie in's Zügellose und was nur der excentrische, an seltsamen Phantasien überreiche Kopf an Gedanken gab, gewann im Handumdrehen unter der Hand des

Königs, dessen nie versiechende und reich fließende Goldquellen Wunder wirkten, die phantastischsten Formen.

Hier ist der Augenblick gekommen, den Sagenschleier etwas zu lichten. Nicht viel mehr dürfte seit der traurigen Katastrophe verdeckt geblieben sein. Was man früher sich leise die in Ohren zischelte, darüber polemisirt man jetzt laut auf allen Bierbänken. Eins haben wir indessen noch zu bemerken: so manches Detail, welches sich seiner heiklen Natur wegen der öffentlichen Diskussion entzieht, werden wir verschweigen müssen. Die zeitige Getrübtheit des Königs führte in Verbindung mit einem schweren körperlichen Leiden im Laufe der späteren Jahre zu Verirrungen, die wir bedauern müssen, die aber in dem Rahmen unserer kleinen Schrift um so weniger Erwähnung finden sollen, als wir uns in dieser ausgesprochenermaßen das Ziel setzten, ein liebevoll ausgeführtes Lebensbild des unglücklichen Monarchen zu geben. —

Mit dem weitschweifenden phantastischen Sinn des Königs stand seine Einbildungskraft nicht im Einklang; sie war unvermögend, die Bilder in seinem Geiste so zu formen, wie sein zeitiges Auge sie zu sehen verlangte. Eine übertriebene Anschauungstheorie griff Platz bei ihm und es war ganz natürlich, daß dieselbe eine immer größere Schwächung der Einbildungskraft zu Folge haben mußte. König Ludwig konnte sich, wie ein genauer Kenner der einschlägigen Verhältnisse, August Becker, schreibt, keinen Elfenkönig vorstellen, wenn er nicht selbst einsam durch die Nachtluft dahin streifte; keinen Lohengrin denken, ohne im eigenen Schwanenschiff dahin zu fahren. In französischen Lustspielen, die er auf seiner Hofbühne für sich allein aufführen ließ, mußten wirkliche Hirsche gejagt werden, wirkliche Bäume auf wirklichem Rasen stehen und ein wirklicher Platzregen gegebenen Falles eintreten, zu welchem Behufe er alle Schleußen seiner hohen Wasserbassins öffnen ließ, so daß die armen Schauspieler und Schauspielerinnen, durch den königlichen Wolkenbruch bis auf die Haut durchnäßt, mit besonderem Schmerz den völligen Verderb ihrer herrlichen und kostbaren echten Zeitkostüme beklagten. Allein genießen, einsam genießen wollte Ludwig. War es wirklich immer ein Genuß, den er sich durch die Formverleihung seiner zügellosen Phantasien verschaffte? Wenn er auf einem der grünen Alpenseen Nachts auf einem von Schwänen gezogenen Nachen spazieren fuhr und träumte, er sei der Lohengrin selbst — war er wirklich glücklich in dieser selbst geschaffenen Traumwelt, die vor dem hellen Licht der Sonne keinen Bestand hatte? Wer vermag das zu sagen! Nur wenige Augen haben alle jene seltsamen Launen und Einfälle, sobald sie Form gewonnen hatten, schauen dürfen. Nur der Mond schaute der seltsamen schönen Fahrt, der Nachenfahrt mit Schwänen, zu und erhellte dem einsamen Königssohne den Pfad. Wahrhaftig! Ruhelos und unstät, eine Beute seiner eigenen Gedanken, verschmachtend in der Welt der Genüsse, die seine Phantasie hervorzuzaubern wußte, und doch so vielbeneidet von der blinden Menschheit, hat König Ludwig ein Leben geführt, das trotz allen Glanzes und aller Herrlichkeit beneidenswerth nicht gewesen ist. Von den vielen Seltsamkeiten des Königs seien hier einige mitgetheilt. In seinem Schlafzimmer war ein kunstvolles Gemälde angebracht, welches die bekannte Ankunft Lohengrins mit dem Schwanennachen darstellte. Eine künstliche Beleuchtung konnte durch einen Zug an einer Schnur zur Funktion gebracht werden. Eine Decke verhüllte das Bild. In schlaflosen Nächten — und sehr viele solcher soll der arme König gehabt haben — genügte ein Griff seiner Hand nach dem Schnurende: die Decke schob sich zur Seite und von rückwärts beleuchtet strahlte ihm in seiner ganzen zauberischen Schönheit das Bild des Schwanenritters entgegen, in dem der König so oft sein eigenes Ebenbild zu entdecken wähnte. Die Sehnsucht nach einem Palmengarten wurde eines schönen Morgens in ihm wach und sein bloßer Befehl genügte, um in einigen Wochen einen Palmengarten erstehen zu lassen, der Hunderttausende kostete. Kostete? Mit diesem Worte hat der Bayernkönig nie gerechnet und deshalb war ihm das Wort „Schulden," das in seinen letzten Lebenstagen so häßlich mißtönend an seine Ohren klang, so furchtbar verhaßt, daß es seine Erregung zur Wuth steigern und zu Geldbeschaffungsbefehlen veranlassen konnte, die mit seiner Königswürde nicht mehr vereinbar waren.

In den sechziger Jahren, als der König noch ein Mensch unter Menschen zu sein vermochte, spielte er oft, ein ergötzliches Versteckenspiel mit den Ministern. Eines schönen Tages war der König fort, kein Mensch wußte wohin, bis dann plötzlich nach Tagen, ja nach Wochen die Kunde einlief, Sr. Majestät weile im strengsten Incognito, meistens unter bürgerlichem Namen, hier oder dort. Durch alle Zeitungen lief jüngst wieder die amüsante Historie, wie sich der König eines schönen Tages unter dem Namen eines ehrsamen Handwerksmeisters nach Paris aufgemacht habe und wie drei Minister sich dorthin aufmachten, den Regierungssorgen echappirten König sich und den Münchenern wieder einzufangen. Aber auch bei solchen Reisen hielt sich der König entfernt von allen Menschen, soweit dies irgend angängig. Noch eine solche „Königssuche" sei hier gemeldet: Bei Kufstein befindet sich ein Wirthshaus, in welchem der König unzählige Male einsprach, dort eine Nacht oder auch zwei hindurch blieb und mit demselben kurzen Gruß verschwand, mit dem er eingetreten war. Die Bewohner des Hauses kannten den König, aber sie durften ihm gegenüber beileibe nichts von dieser Kenntniß verrathen lassen. Huldigte man der Majestät in ihm, so verschwand er ohne Gruß und ohne weiteren Aufenthalt, um so bald nicht wieder zu kommen. Auch auf dem Schachen war ein Wirthshaus, in welchem der König gern und oft verkehrte, weil sein Incognito dort von allen Wissenden bereitwillig gewahrt wurde; auch dort fuhr er unwirrsch auf und davon, sobald Leute und namentlich Touristen kamen, die den König in ihm erkannten und ihn das merken ließen. Dagegen fühlte sich der König selig, wenn er seiner Meinung nach unerkannt durch die Berge ziehen konnte. Wieder wurde er einmal zwei volle Tage hindurch in München vermißt, die Minister telegraphirten in alle Winde — da kam die Kunde aus irgend einem kleinen Neste im Hochgebirge, daß der König dort erschienen sei und sich bei strömendem Regen in einer Bauernhütte einen Schirm ausgeliehen habe, und sofort setzten sich seine treuen Minister auf die Bahn, um den König wieder heim zu holen.

Wir haben vorhin schon geschildert, wie König Ludwig auf einem Alpsee sich von Schwänen in einem Nachen durch das grüne mondbeschienene Gewässer rudern ließ. Allen Ernstes hat der König eine Zeit hindurch in dem Wahne gelebt, Lohengrin selbst zu sein. In München konnte er seine Schwanenfahrten nicht anstellen — vor den Augen der Leute barg er sich ja. Da kam ihm ein Gedanke, seines grübelnden Hirns würdig. Er gab den Befehl, hoch oben auf dem — Dachboden des Münchener Stadtschlosses ein großes Bassin anzulegen. Ein großer Theil des Daches wurde zur Ausführung dieser barocken Idee verwendet. Man stellte einen riesigen Metallkessel her, welcher an der Seitenfront des Schlosses in den Dachboden eingefügt wurde. Durch eine eigene Maschinerie wurde Wasser hinaufgepumpt und im Costüm Lohengrins, in silbener Rüstung, fuhr nun der König in einem Kahn, den ein — natürlich ausgestopfter Schwan — zog in dem Bassin umher. Aber das verwirklichte ihm noch nicht genugsam die Illusion. Das Wasser war eben ganz gewöhnliches helles Isarwasser und Lohengrin brauchte blaue Fluthen. Dem Wasser mußte also eine poetische Bläue künstlich verliehen werden. Ein Dutzend Menschen zerbrachen sich fast die Köpfe, um dem sonderbaren Einfall des Königs zur That werden zu lassen. Endlich kam einer der Lieblinge des Königs auf eine sublime Idee. Er ließ große Mengen Kupfervitriols in das Bassin füllen. Die Fluth war nun zwar prachtvoll blau, aber die Idee war denn doch nicht für die Dauer durchführbar. Die Vitriollösung zerfraß das Metall des Bassins und drang durch die Plafonds in die prachtvollen Königsgemächer hinab, alles natürlich auf das entsetzlichste verwüstend. Damit war's also auch nichts. Mit ungeheuren Kosten wurden die Schäden ausgebessert; aber trotzdem bestand der König darauf, seine Idee bezüglich der blauen Fluth dargestellt zu sehen. Nun wurde der Optiker Frauenhofer aus München herbeicitirt, um durch gewisse Lichteffecte dem Wasser eine blaue Farbe zu geben. Das gelang, aber zufrieden war der König noch nicht. Das Wasser lag so todt da, kein Windhauch kräuselte seinen Spiegel und von einem, auch dem leisesten, Wellenschlage war keine Spur zu bemerken. Aber der König wollte Wellen. Man brachte nun einen Mechanismus an, durch welchen dem Wasser eine leise Bewegung gegeben wurde und zwar mußten einige Diener im Schweiße ihres Angesichtes arbeiten, um durch schnelle Umdrehung eines ins Wasser gesenkten Rades eine Art Wellenschlag hervorzubringen. Der unersättliche König forderte stärkere Wellen, die Arbeiter verdoppelten ihre Anstrengungen, die Wellen wurden auch höher, aber darauf war der leichte

Nachen nicht eingerichtet, er kippte um, und der königliche Lohengrin fiel in's Wasser. Nun war's aus. Von einem Schiffbruche Lohengrins wußte keine Sage, nicht einmal Richard Wagner etwas zu melden. Die Illusion war mit einem Schlage zerstört und mit den Bassinfahrten auf dem Schloßdache war es vorbei.

Eines Tages äußerte der König den Wunsch, als Berggeist durchs Gebirge zu schweifen. Er ließ einen schönen Kahn bauen und sechs Diener mußten ihn in demselben durch die Berge tragen. Sie trugen — Filzschuhe, damit ihr Tritt unhörbar wurde und den König nichts aus seinen Träumen weckte. Diesem sonderbaren Einfalle nahe verwandt war ein zweiter. Ludwigs höchste Sehnsucht war, durch die Lüfte fliegen zu können und wie die Götter über die Regenbogenbrücke nach Walhall zu schreiten. Auch das mußte, seiner Meinung nach, erreichbar sein Er befahl also, eine Pflugmaschine zu bauen. Was halfs? Dem Befehle mußte gehorcht werden. Die erfindungssreichsten Mechaniker wurden also zusammengetrommelt und es entstand denn auch wirklich eine große Flugmaschine. Vor des Königs Augen wurde sie im Gebirge probirt. Ein Bauer übernahm es, die gefahrvolle Probe mit ihr zu machen. Schwer verletzt wurde er durch das mißlungene Experiment. Auch diese Illusion war mit einem Schlage zerstört und seufzend gab Ludwig seinen Plan, ohne Schaden für seine Glieder den Aether zu durchfahren, auf.

Zu den Lohengrin-Erzählungen gehört auch noch

die folgende. König Ludwig ließ den Sänger Nachbaur nach Schloß Berg kommen und beschenkte ihn mit einer prachtvollen silbernen Rüstung. Abends mußte der Sänger dann hinausrudern auf den stillen Starnberger See; oben aber auf den Zinnen des Schlosses stand einsam und allein der König, schaute hinab auf den mondbeschienenen stillen See und lauschte den Tönen Lohengrin-Nachbaur's dort unten.

Ueberhaupt war es für die Umgebung des unglücklichen Fürsten ein an Aufregungen reicher Dienst, dem sie sich zu unterziehen hatten. Die unglückselige Manie, die Nacht zum Tage zu machen, blieb natürlich nicht ohne Einfluß auf die Umgebung des Königs. Wer Spuren von Müdigkeit zeigte, konnte sicher darauf rechnen, entlassen zu werden, oder einen jähzornigen Ausbruch des Königs zu veranlassen. Am schlimmsten daran waren seine Adjutanten. Einer derselben, dem nach einer am Billard verbrachten Nacht das Billardqueue aus der Hand fiel, hatte sich sofort die Ungnade des Königs zugezogen.

Die letzten Lebensjahre.

Obwohl die folgende Schilderung, mit welcher wir diesen Abschnitt eröffnen wollen, der Zeit nach hinter dem Zeitpunkt liegt, von dem aus der vorliegende Abschnitt seinen Anfang zu nehmen hätte, benützen wir sie ihres interessanten und hierher passenden Inhalts wegen als Introduction der später folgenden trüben Details. Adolf Palm ist es, der in der Fr. Ztg. einen Ausflug, den er vor der Katastrophe nach Hohenschwangau unternommen hat, wie folgt, erzählt: Kurz vor dem neuen Schlosse liegt am Wege eine kleine Schänke mit dem Aushängeschild eines berühmten Münchener Bräu's; vor der Thür laden Stühle zur Rast ein, ringsum breitet sich der Wald. Die Arbeiter vom Schloßbau halten hier ihr Mittagsmahl. Hier war es auch, wo ich angenehme Gesellschaft fand: einen Arzt aus Baden, einen älteren, noch sehr geistesfrischen Herrn, und einen Forstmann, der den König genau kannte aus unmittelbarster Nähe und wie die meisten Leute aus dieser Gegend, mit einer aufrichtigen Zuneigung an ihm hing. Er suchte auch den

König zu decken gegen die wuchtigen Anschuldigungen des beredten Arztes. „Der Wahnsinn,“ begann dieser, „ist ein trauriges Erbübel in dieser Familie. Nicht Prinz Otto allein, auch andere Mitglieder der Familie fielen ihm zum Opfer. Zu Anfang der fünfziger Jahre, als ich mit dem jetzigen Obermedicinalrath Dr. von Gudden, Assistenzarzt in der Irrenanstalt Illenau bei Achern war, hatten wir die Tante des Königs Ludwig, die Prinzessin Alexandrine von Bayern, in Behandlung, welche von der fixen Idee verfolgt wurde, ein Kanapee verschluckt zu haben. Auch sie vereinigte hohe Geistesgaben mit krankhafter Gemüthsanlage. Ich besitze von ihr eine Sammlung aus dem Schwedischen übertragener Gedichte.“ Der Forstmann that einen bedächtigen Zug aus dem Krügel, strich sich den Bart und versetzte, den Kopf wiegend: „Sie werden's erleben, wie es mit der Verrücktheit des Königs ist, von der jetzt alle Welt schwatzt! Ich sage Ihnen, der ist hier oben —“ dabei deutete der Sprecher auf seine Stirn — „heller als Viele, die ihm jetzt den Verstand absprechen. Da las ich neulich in einem Münchener Blatte, sie möchten eine Regentschaft einsetzen. Sie sollen's nur probiren! Sie werden sehen, wie er dann in München auftaucht, wieder, wie schon ein paar Male, etwas Zündendes, was gleichsam in der Luft liegt, losläßt, und damit alle Herzen gewinnt. Dann erfolgt ein Strafgericht über seine Widersacher, bei dem es heißen wird, weit davon ist gut vorm Schuß. Das aber wiederhole ich Ihnen, geistig gestört ist der König nicht; ich hab' oft mit ihm gesprochen und mußte nur staunen, wie genau er in allem unterrichtet ist. Bei seinem Fragen durfte man aufpassen, um nicht zu Schanden zu werden." — Der Arzt bliebt ungerührt. „Die großartigsten Ideen," sagte er, „und die besten Witze hört man im Irrenhause Aus diesen ewig überspannten, überreizten Köpfen sprüht es nur so von Geistesfunken und es wäre dort in der That unterhaltend, wenn es nicht so überaus traurig wäre."

Soweit unser Gewährsmann. Das von ihm mitgetheilte Gespräch ist in der That charakteristisch. Wie der „alte Forstmann", so gab es noch nach Eintritt der Katastrophe Viele, die den Wahnsinn des Königs in das Gebiet der Erfindung wiesen. Heute dürften auch sie sämmtlich vom Gegentheil überzeugt sein. Seitdem die schreckenerregenden Einzelheiten aus den letzten Lebensjahren des Königs bekannt geworden sind, besteht kein Zweifel mehr darüber, daß schon seit Jahren der Zustand Ludwigs ein solcher war, daß der Schritt, den man am 9. Juni dieses Jahres zur Ausführung brachte, schon damals voll und ganz gerechtfertigt war.

Um auch nach dieser Richtung das geistige Bild des Königs zu vervollständigen, ist es unerläßlich, von allen den verbürgten oft peinlichen Details Notiz zu nehmen, die sich an die letzte Lebenszeit des unglücklichen Monarchen knüpfen.

Eine harmlosere Eigenthümlichkeit gab sich in der Erziehung seines Lieblingskammerdieners Maier kund.

Maier erfreute sich eines großen Einflusses auf den König. Wie er dazu kam, geht aus der nachstehenden Darstellung hervor. Für die königliche Kammer wurden die Diener aus dem Stallpersonale genommen, weil dieses am meisten gedrillt ist, und es war Aufgabe des Oberstallmeisters Grafen Holnstein, aus dem Personale die intelligentesten jungen Burschen herauszusuchen. Diese wurden dann besonders abgerichtet, und zwar geschah dies durch den Hofschauspieler Heyse. Sie mußten „gehen“ lernen, Gegenstände würdevoll überreichen, mit Anstand sich verbeugen und nicht nur sprechen, sondern auch deklamiren können. Der König selbst schrieb vor, wie der Unterricht zu leiten, welche Gedichte und prosaischen Schriften studirt werden sollten. Speciell Maier zeigte sich ganz besonders geeignet, lernte sehr rasch und das gefiel dem Könige so gut, daß er ihn allen Andren vorzog. So kennt Maier z. B. alle größeren Scenen aus „Wilhelm Tell“ auswendig und trug sie ebensogut wie ein ausgebildeter Schauspieler vor, so daß der König sich oft von ihm Scenen vordeclamiren ließ. Auf ganz besonderen Wunsch des Monarchen mußte er Schillers „Abfall der Niederlande“ lernen, und der König war mit dem Vortrage so zufrieden, daß er Maier immer neue Studien vorschrieb, die der Hofschauspieler Heyse mit ihm vornehmen mußte. Auch im Styl wurde Maier unterrichtet, und die Art und Weise, wie er auch in dieser Beziehung des Königs Ideen nachzukommen verstand, erwarb ihn in so hohem Maße das Vertrauen

Königs, der z. B. in letzter Zeit nur durch Maier seine Befehle kund geben und sie von demselben sogar concipiren ließ.

Greller klingen die Details aus der jüngsten Zeit. Sein unheilvoller Zustand steigerte sich in schneller Progression. Er hatte immer seltener vollkommen klare Tage, zuletzt waren es kaum noch Stunden, in denen er seiner Sinne mächtig war. Schlimm für seine Umgebung war der Umstand, daß mit dem schnellen Verfall seiner Geisteskräfte sein Jähzorn fürchterlich zunahm. Dieser steigerte sich zuletzt so sehr, daß er seine Leibdiener mit Faustschlägen und Fußtritten mißhandelte. Schon seit längerer Zeit hatte man alle Waffen vorsichtigerweise aus der Nähe des Königs entfernt, um Schlimmes zu verhüten. War der Paroxismus vorüber, so machte eine gerade entgegengesetzte Gefühlsäußerung gewaltsam sich Bahn. Er warf dann den von ihm Mißhandelten Hände voll Gold vor die Füße, trank und soupirte mit den Lakaien und Kutschern zusammen, nannte sie seine treuesten Diener, veranstaltete kleine Feierlichkeiten zu ihren Ehren und versprach ihnen, sie zu Baronen und Grafen, ja zu Ministern zu machen. Waren es doch sein Leibfriseur und sein Kammerfourier, durch welche er mit seinen Ministern überhaupt noch verkehrte! Vor sein Antlitz kamen die letzteren seit geraumer Zeit nicht mehr.

Ein Gefühl von Traurigkeit beschleicht uns, wenn wir hören, wie der König einen Chevauxleger, der sein

Liebling war, so feierte, daß er ihn als „Engel" bezeichnete und anredete. Sein eigener Kammerfourier Hesselschwert mußte diesem Chevauxleger knieend den Tschibuk anzünden. Sein Idealismus schien in der letzten Zeit in Despotismus sich zu verwandeln. Das erdrückende Beweismaterial des Ministeriums, von welchem das überhaupt Mittheilbare in der Kammer der bayrischen Reichsräthe öffentlich zur Mittheilung kam, hat viele Fälle verzeichnet, die ein asiatischer Despot ärger nicht verübt hätte.

So deponirten die Zeugen Dr. Ziegler — sein früherer Cabinetssecretair — und Horning, daß sie in der letzteren Zeit aus dem Munde des Königs öfter die fürchterlichsten Zerstörungswünsche hörten, welche die eigene Residenz und das eigene Volk betrafen. Nach beschworenen Aussagen seiner Leibdiener hat der König viele Erlasse concipirt, nach welchen die höchsten Staatsbeamten in das Burgverließ in Hohenschwangau geworfen werden sollten. Auf den bestimmten Befehl des Königs war ein solches Burgverließ wirklich hergerichtet. In einem solchen Erlasse — dieselben kamen natürlich nie aus dem Schlosse heraus — verbannte er den Finanzminister nach Amerika, weil derselbe kein Geld mehr hergeben wolle. Andere hochgestellte Persönlichkeiten sollten todtgeprügelt oder auf andere, besonders ersonnene grausame Arten ums Leben gebracht werden. Als sein Cabinetssecretair von Ziegler, des furchtbaren Dienstes beim Könige müde, wegging, hörte der persönliche Vortrag in Staatssachen überhaupt ganz auf. In Gegenwart der Dienerschaft bezeichnete er die Minister mit den gräßlichsten Schimpfworten. Die Berichte derselben blieben bei Lakaien und Soldaten liegen und wurden von diesen einfach unvollzogen an den expedirenden Cabinetssecretair zurückgesandt. Man weiß wirklich nicht, ob man es für möglich halten soll, wenn man erfährt, daß die Vorstellung des Gesammtministeriums vom 5. Mai 1886 dem Fourier Hesselschwerdt zur Begutachtung und Ausfindigmachung einer schweren Strafe für die Minister übergeben wurde. Durch Friseur Hoppe aber hieß der König den Secretairen Dr. von Ziegler und Thelemann den Auftrag ertheilen, ein neues Ministerium zu bilden.

Mit der zunehmenden Geistesschwäche stieg die Verschwendungssucht des Königs in's unglaubliche. An 10000 Mark kostete in einer Nacht die Beleuchtung des Schlosses Herrenchiemsee durch zahllose feine Kerzen. Waren alle dieselben entzündet, dann machte der König einen einsamen, flüchtigen Rundgang durch die Spiegelgallerie und die Herrlichkeit war vorbei — die Kosten blieben. Das meiste aber — geradezu ganz unglaubliche Summen verschlangen in der letzten Zeit die Lieblingschevauxlegers des Königs. Der letzte dieser eigenthümlichen Günstlinge, ein gewisser Alfons Weber, war am königlichen Hoflager allmächtig geworden. Der König ließ ihm zu Ehren eigene Brillantknöpfe anfertigen, auf denen in kunstvoller Verschlingung die Initialen der Namen Ludwig und Alfons in Brillanten und Rubinen angebracht waren. Ferner schenkte er demselben — alles nur in der letzten Zeit — eine äußerst werthvolle Uhr mit Kette, eine Agraffe aus dem Staatsschatz, die dem Chevauxleger jetzt allerdings wieder genommen ist, und 2000 Mark baar. Zahllose Geschenke hat der seiner Sinne nicht mehr fähige König diesem Günstling früher bereits gewidmet. Eine Anweisung auf 28000 Mark, welche die Cabinetscasse durch Verkauf kostbarer Schmuckgegenstände flüssig machen und dem Chevauxleger einhändigen sollte, wurde nicht mehr honorirt, da inzwischen die Regierungsunfähigkeit Ludwigs II. declarirt worden war. Noch am letzten Tage vor der Proclamirung der Regentschaft wurde eine große Anzahl von goldenen Uhren mit dem Wappen und den Initialen des Königs im Werthe von 9500 Mark, angefertigt von einem Münchener Uhrmacher, auf das Schloß Hohenschwangau gebracht, welche sämmtlich zu Geschenken für die untergeordneteu Leute der königlichen Umgebung dienen sollten. Oft waren solche von ihm bestellte Uhren dem König nicht schön und kostbar genug und das Secretariat erhielt sie einfach mit dem Avis „Unbrauchbar" vom Schlosse zurück. Die Geldgeschenke an die Chevauxlegers wurden oft in kostbaren Etuis übergeben, über deren Anfertigung der König persönlich Anordnungen traf.

Jener Günstling Alfons Weber war übrigens auch einmal beim Könige in Ungnade gefallen und vom Könige zur „Einschließung im Burgverließ" zu Hohenschwangau verurtheilt. Dieses „Verließ" hatte der König, wie wir vorhin schon bemerkten, eigens bauen lassen, allein seiner wahren Bestimmung ist es nie übergeben worden. Die Umgebung des Königs spielte mit diesem eine fortlaufende Komödie. Fiel ein Günstling in Ungnade und wurde ihm das „Burgverließ" zudiktirt, so thaten die Diener so, als ob sie den Verurtheilten dem Verließe zuführen wollten. In Wirklichkeit ging der Betreffende auf sein Zimmer; in das große Gitterfenster des Verließes aber wurde eine sorgfältig costümirte Strohpuppe gesetzt. Wenn dann der König auf der Burgbrücke promenirte, konnte er die scheinbar prompte Ausführung seines Befehls mit Befriedigung wahrnehmen.

In den letzten Monaten führte der König bei seiner Dienerschaft ein eigenes Ceremoniell à la Louis XIV. mit grotesken Details ein: Die Dienerschaft durfte sich nur hüpfend oder springend bewegen und hatte eine eigene, Fremden geradezu unverständliche Ausdrucksweise anzunehmen. In seinem Jähzorn war das Leben jedes Einzelnen, der die schlechte Laune des Königs erregte, in Gefahr. Beim Durchschreiten eines Saales erblickte er einmal einen Lakai, der sich seiner Meinung nach nicht tief genug verneigte. „Tiefer bücken, tiefer bücken!" schrie er demselben zu. Endlich hieß es: „Tief genug!" und da der Lakai mit dem Gesichte fast den Boden berührt, versetzt ihm der König einen Fußstoß, der dem Unglücklichen den Kinnbacken zerschmetterte. Es soll das der Diener gewesen seiu, der seither gestorben ist. Auch andere Personen aus des Königs Umgebung haben den Jähzorn desselben zu kosten bekommen und manchmal nicht eben leichte Verletzungen davongetragen. Freilich erhielten sie alle immer hohe Schmerzensgelder ausgezahlt. Und sie blieben alle, die zum Theil erbärmliche Sippschaft, die den Hang des Königs zur Menschenscheu immer mehr zu steigern wußte.

Als der König seine Würde im intimen Verkehr mit den speichelleckerischen Bedientenseelen vergaß, vergaß er auch sich selbst. Früher blühend schön und keineswegs frei von persönlicher Eitelkeit, vernachlässigte er in der letzten Lebenszeit sich selbst auf die fürchterlichste Weise. Er soll kaum dazu zu bewegen gewesen sein, auch nur die allernothwendigste Reinigung an sich vornehmen zu lassen und hat, wie Augenzeugen berichten, dick aufgeschwemmt, bleich, mit fahler Gesichtsfarbe und gläsernen Augen, verwahrlost in Haltung, Kleidung und Aeußerem ausgesehen. So konnten denn die Dinge nicht länger fortgehen und die Katastrophe, so sehr man sie auch zu verhindern oder wenigstens aufzuschieben versuchte, mußte endlich eintreten.

———

In financiellen Verlegenheiten.

Wahrhaftig — diese Kapitelüberschrift ist eine seltene in der Schilderung eines Königslebens! Ja, König Ludwig von Bayern befand sich trotz seiner hohen Civilliste in sehr bedrängten financiellen Schwierigkeiten. Seine maßlose Prunk- und Verschwendungssucht, seine über alle Maßen kostspieligen Bauten hatten schon zu verschiedenen Malen die Cabinetscasse erschöpft. Immer wieder waren neue Capitalien flüssig gemacht worden, da endlich versiegten auch die letzten Quellen und das gespenstische Wort „Schulden" schlug an das Ohr eines Monarchen, der gewöhnt war, seine Befehle sofort in vollzogene Thaten umgesetzt zu sehen.

Es ist bekannt, welche Anstrengungen gemacht wurden, um die Cabinetscasse aus dem Dilemma zu retten, in welches sie gerathen war. Auf allen Seiten waren Agenten thätig, um neue Anleihen perfect zu machen, bis endlich das Gerücht ins Volk drang, auch französische Prinzen sollten um Gewährung einer Anzahl von Millionen gegen

Bedingungen ausgegangen sein, die sich nicht mit der Würde eines Deutschen Monarchen vertrugen.

Nun von dieser Anklage ist König Ludwig unbedingt freizusprechen. Zwar hat er, um sich Geld zu verschaffen, an alle Höfe geschickt, insbesondere dann, wenn dort Festlichkeiten veranstaltet wurden, die ihn auf das Vorhandensein großer Geldmittel schließen ließen. Was aber die Pariser Darlehnsaffaire anlangt, so trifft den todten König keine Schuld. Die wahre Sachlage ist die folgende: Dem König kam der Brief eines Pariser Geschäftsagenten zu, in welchem der Schreiber sich erbot, unter der Bedingung der Neutralität Bayerns im nächsten deutsch-französischen Kriege ein Darlehn zu vermitteln. Dieser Brief enthielt keine Zeile darüber, daß der Agent von irgend wem die Aufforderung oder Veranlassung zu diesem Anerbieten hatte. Allerdings hat auch dem Ausschuß der Kammer der Reichsräthe, welcher sich mit der Prüfung des Beweismaterials zu beschäftigen hatte, ein von unbekannter Hand geschriebenes, vom Könige selbst aber corrigirtes Schriftstück vorgelegen, in welchem ausgeführt war, daß, falls Schwierigkeiten in der Verhandlung sich ergeben sollten, man sich direct an die Orleans oder an den Grafen von Paris und zwar am besten durch einen Adjutanten wenden solle. Ueber die Vollziehung dieses Auftrages aber liegt ein Nachweis nicht vor. Im Gegentheil, es ist constatirt, daß der fragliche Zettel sich durch nichts von anderen ähnlichen Inhalts unterschied, die an seinen Fourier Hesselschwerdt gerichtet und nicht ausgeführt wurden. Ohne irgend welche weitere Gedanken wollte der König sich eben nur Geld zur Fortführung seiner Bauten schaffen, wo immer solches nur aufzutreiben war. Denn noch in einem Handschreiben an den Minister des Innern, datirt am 26. Januar 1886, hatte der König erklärt, daß ihm, wenn er nicht fortbauen könne, alle Lebensfreude genommen sei, und ihm nichts übrig bleibe, als seinem Leben ein Ende zu machen oder das Land zu verlassen. Mit der Tilgung der Schulden allein sei ihm gar nicht gedient, er brauche noch weitere 20 Millionen.

Wie sehr der Begriff „Schulden" in seinen Wahnvorstellungen figurirte, erhellt aus einigen Aeußerungen, die er seiner Umgebung gegenüber that. Als ihn einer seiner Diener mit dem Titel „Majestät" anredete, fuhr er wüthend auf: „Was, Majestät! Ein König, der Schulden hat, ist keine Majestät mehr!" Er gerieth wirklich in die fixe Idee, er werde wegen seiner Schulden ausgepfändet werden. Er hatte deshalb angeordnet, den Gerichtsvollzier von Herrenchiemsee, falls dieser zu pfänden kommen sollte, im See zu — ertränken!

Ja, die Schulden! Es leben noch Viele, die ihren wohl gemessenen Antheil an der Schuld tragen, daß die Cabinetscasse in die gefährlichen Bedrängnisse gerieth, die so niederschmetternd auf den König wirkten. Zweifellos wahr ist, was die Köln. Ztg. schreibt: „Gar manche Personen seiner habgierig schmutzigen Umgebung, besonders unteren Ranges, dann aber auch Persönlichkeiten, denen aus seinen oft wahnwitzig großen Bauten glänzender

Paläste und stolzer Schlösser auf einsamen Inseln oder Bergkuppen, bei denen Millionen geradezu vergeudet wurden, große Geldgewinne anwüchsen, sollen die Verschwendungslust des Königs noch möglichst gesteigert und ausgebeutet haben. Man hofft jetzt allgemein in Bayern, daß hierin eine strenge Untersuchung eintreten und manchen Personen wenigstens ein Theil ihres Raubes wieder entzogen werden möge. Besonders aber die Rechnungen für Kunstgegenstände, Spiegel, Marmorarbeiten, kostbare Mobilien rc. zur Ausschmückung der Paläste, die vielfach von fremden, namentlich italienischen Händlern bezogen wurden, sollen oft ins ungemessene gesteigert und dann vom Könige, ohne daß er sich nur die Mühe genommen, einen Blick darauf zu werfen, mit seiner Unterschrift zur Zahlung versehen sein.

In der That — eine durchgreifende „Revision" nach dieser Richtung wäre nicht nur wünschenswerth, sondern auch ein Akt der Sühne dem todten Schöpfer der Prachtbauten gegenüber.

Die Tragödie von Hohenschwangau.

Es ging nicht mehr! Furchtbar häufte sich Beweismaterial auf Beweismaterial, daß der König nicht mehr Herr seiner Sinne, daß er geisteskrank sei, und in der Verwirrung seines Geistes Dinge vornehme, die mit seiner Würde unvereinbar seien. Was ein Theil des Volkes nicht glauben wollte, was der andere längere Zeit schon ahnte und was Einzelne, denen ein Blick hinter die Coulissen dieses Königshofes gestattet war, wußten, — das ließ sich nun nicht mehr verheimlichen. Ludwig II. war unfähig, länger den Thron seiner Väter einzunehmen. Er mußten abtreten von der Schaubühne der Herrscher, auf welcher er selbst sich so lange Zeit nicht mehr gezeigt hatte — eine Regentschaft war vonnöthen und diese wurde, mit Prinz Luitpold als Prinz-Regenten, in gemeinsamem Beschluß des Staatsministeriums mit den Agnaten des königlichen Hauses beschlossen. Nun aber galt es, den König in einer der Bedeutung des Aktes angemessenen feierlichen Form von der Uebernahme der Regentschaft durch den Prinzen Luitpold zu benachrichtigen. Vielleicht beging man hier einen Fehler: man hielt die Absendung der zu diesem Zweck ernannten Ministerialcommission nicht absolut geheim, was, wie die Folge lehrte, durchaus nothwendig gewesen wäre. Die Commission war freilich auch für den Fall vorbereitet, daß man ihre Ankunft dem Könige signalisirt habe. Minster von Crailsheim befand sich im Besitz von offenen Ordres des Kriegsministers und des Regenten Prinz Luitpold an den Kommandanten der Schloßwache. Die Commission fuhr also am Mittwoch, den 9. Juni, Nachmittags 4½ Uhr mittels Extrazugs von München nach Hohenschwangau, wo sich der König befand, ab. Sie bestand aus dem Minister von Crailsheim, dem Hofmarschall von Malsen, dem Oberstallmeister Graf Holnstein, dem Reichsrath Graf Toerring, dem Medicinalrath Dr. von Gudden und dem Psychiatriker Professor Erb aus Heidelberg; der Legationssecretair Rumpler und 4 Wärter befanden sich in ihrer Begleitung. Ehe jedoch die Commission selbst das Ziel ihrer Fahrt erreichte, war die Kunde von ihrer Ankunft bereits signalisirt. Durch seinen Leibkutscher Oberholzer, der in dem Fond der Equipage einen Zettel mit den Worten: „Majestät! Vorsicht! Gefahr!" befestigt hatte, wurde der König, der gerade eine Ausfahrt machen wollte, benachrichtigt. Er kehrte sofort um und gab den Gensdarmen der Schloßwache den strikten Befehl, Niemanden, wer es auch sei, in das Schloß zu lassen.

Die Commission kam an. Minister von Crailsheim begab sich mit dem Graf Holnstein und dem Grafen

Toerring nach dem neuen Schlosse, in dem sich der König befand. Gensdarmen, mit aufgepflanzten Bajonetten und geladenen Gewehren wehrten ihnen den Eintritt. Ein Appell an den Commandanten der Schloßwache hatte keinen Erfolg. Derselbe erklärte, dem gemessenen Befehle seines obersten Kriegsherrn unbedingt folgen zu müssen. Nun ließ sich Minister von Crailsheim bei dem Könige selbst, in seiner Eigenschaft als Minister des königlichen Hauses, melden. Auch hier wurde er abgewiesen. Unverrichteter Sache kehrten sie in's alte Schloß zurück. Inzwischen hatte der König in höchster Erregung den Befehl gegeben, die ganze Commission gefangen zu setzen. Die drei genannten Herren wurden sofort nach ihrer Ankunft auf dem alten Schloße von Gensdarmen verhaftet und auf das neue Schloß zurückgebracht. Der König hatte inzwischen in Erregung eine Reihe von Befehlen gegeben, die gegen das Leben der Mitglieder der Commission gerichtet waren. Nach einem schriftlichen Befehle sollten sie auf einen Wagen geworfen und bis zur Eisenbahnstation ausgepeitscht werden. Die Internirung der Commission dauerte zum Glück nicht lange. Aus München traf Nachmittags schon die Freilassungsordre und zugleich die Regentschaftsproklamation ein. Nun unterwarfen sich auch die Gensdamen, die bis dahin allen Befehlen des Königs unbedingten Gehorsam geleistet hatten, der neuen Ordnung. Man beließ sie auf ihren Posten. Dagegen sandte man die Chevauxlegers, welche sich im Schloße befanden, und für welche der König bekanntlich eine besondere Zuneigung entfaltete, sofort zu ihren Truppenkörpern zurück. Unverrichteter Sache kehrte die Commission nach München zurück.

Im Laufe des Vormittags des 10. Juni wurde dem Könige die Mittheilung von der Regentschaftsproklamation gemacht. Die Scenen, welche sich von diesem Zeitpunkte bis zum zweiten Eintreffen der Commission auf Hohenschwangau abspielten, sind nicht genugsam aufgeklärt, um sie in den Rahmen unserer Darstellung einflechten zu können. Es scheint allerdings, als ob man dem Könige zur Flucht habe verhelfen wollen, daß dieser aber das Mittel verschmähte. Am Nachmittage war es auch schon dazu zu spät geworden. Gensdarmen hatten bereits von allen Seiten das Schloß umstellt. In der Nacht vom 10. zum 11. Juni, gegen 3 Uhr Morgens, fuhren die Wagen, welche die Commission zum zweiten Male ihrem traurigen Ziele entgegenfuhr, den Berg hinauf. Inzwischen hatte der König verzweiflungsvolle Stunden verlebt. Seine Gedanken waren mehrfach auf Selbstmord gerichtet. Sein Kammerdiener Maier, derselbe, dessen seltsame „Erziehung" wir in einem früheren Abschnitte berührten, war der einzige in seiner Umgebung, der ehrlich und treu es mit dem Könige, aber zugleich auch ehrlich mit dem Staate meinte. König Ludwig wollte sich kurz vor dem Eintreffen der Commission hinauf auf den hohen Rundthurm begeben. Maier hinderte ihn daran, im richtigen Vorgefühl seiner Katastrophe. Als er den Sängersaal im Schlosse betreten wollte, sah er sich plötzlich den Dr. von Gudden mit zwei Irrenwärtern gegenüber. Die letzteren eilten auf den König zu und schoben seine Arme fest unter die ihrigen. Dr. von Gudden trat hinzu um dem Könige einige beruhigende Worte zu sagen. Dieser maß ihn mit fragendem Blicke und sagte dann: „Wie kommen Sie dazu, mich für irrsinnig zu erklären, da Sie mich heute zum ersten Male sehen und mich noch nicht untersucht haben?“ Dr. von Gudden antwortete, daß der König einer aufmerksamen Pflege bedürfe und er im Auftrage des Prinzregenten ihm diese zu Theil lassen werde. Nach vielen übereinstimmenden Berichten trugen sich die nun folgenden Ereignisse so zu: Der König wandte sich noch mit der Frage an den Arzt: „Wie lange, glauben Sie, wird es dauern, bis ich vollständig geheilt bin?“ Gudden antwortete darauf: „Das hängt von Ew. Majestät selbst ab,“ worauf der König beistimmend sagte: „Ich sehe ein, daß ich sehr erregt bin.“ Darauf ließ er sich in sein Gemach führen. Bei seiner Wegführung erwarteten ihn die Mitglieder der Commission am Fuße der Treppe. Auch an diese wandte er sich mit einigen Worten, leidenschaftslos und ohne Erregung, nur seine Klage über die Maßregeln ausdrückend, die man gegen ihn anwende. Man hatte zu seiner Ueberführuug nach Schloß Berg die folgenden Anordnungen getroffen: Ein Wagen mit einem sicheren Wärter, der in schwarzem Salonanzuge und mit einem Cylinder auf dem Kopfe auf dem Bocke neben dem Kutscher Platz nahm, sollte den König aufnehmen.

In einem zweiten folgte Dr. von Gudden mit weiterem Hülfspersonal. Endlich in einen dritten die Mitglieder der Commission. Vor seiner Abfahrt nahm König Ludwig Abschied von seinen Dienern; dem Schloßdiener Michel reichte er die Hand und dankte ihm für seine treuen Dienste. Dann fuhren die Wagen ab. Ohne Zwischenfall ging die Fahrt von Statten, und den harrenden Mitgliedern der königlichen Familie in München konnte ein Telegramm melden, daß die Ueberführung bestens vollbracht sei. Niemand ahnte die Nähe der Katastrophe.

„O, welch' ein edler Geist ist hier zerstört!"

Der König war in Schloß Berg. Ruhig fügte er sich allen Anordnungen. Besonders gegen Gudden zeigte er sich sehr freundlich. Man hatte den Arzt vor dieser Freundlichkeit gewarnt. Man rieth ihm, zu mißtrauen, der Liebenswürdigkeit des Königs kein Vertrauen zu schenken. Man hatte ihm mitgetheilt, daß nach solchen Augenblicken der Freundlichkeit und Liebenswürdigkeit ein jäher Zorn, der nichts schone, hervorzubrechen pflege. Gudden ließ die Warnungen unbeachtet. Freilich hatte er sich mit dem Bewußtsein von der Gefährlichkeit seiner Stellung in dieselbe begeben. Er hatte von seinen Kindern und von seiner Gattin einen Abschied genommen, als gelte dieser für das Leben. Er hatte sein Testament gemacht und Freunden gegenüber geäußert, wie wohl er die Gefahr erkenne, die im Zusammensein mit dem wahnsinnigen Könige und dessen unberechenbaren Launen liege. Aber Dr. von Gudden, ein selten tüchtiger Irrenarzt, von herkulischer Gestalt und einem Auge begabt, dessen Blick er in seinem schweren Berufe zu Hunderten von Malen erprobt, vertraute gleichwohl zu viel auf seine eigene Kraft und dies Vertrauen hat der muthige Mann mit seinem Tode besiegelt. Einen Mangel an Vorsicht darf man ihm kaum zur Last legen, wenn er auch seine eigene Kraft der des Königs gegenüber überschätzte. Hierin lag sein sehr entschuldbarer Fehler. Gudden war in seinem ganzen Leben keinen Tag krank gewesen; er durfte bei seiner bedeutenden Muskelstärke annehmen, daß er dem Könige, dessen Kräfte er durch die Krankheit und den scheinbar übermäßigen Fettansatz als vermindert ansehen mußte, überlegen war und deshalb beging er das Wagniß, allein mit dem Könige zu promeniren. Die Wirklichkeit erst hat gezeigt, daß Gudden's Annahme eine irrthümliche, daß die Muskelstärke des Königs den Kräften Gudden's überlegen war.

Wir glaubten diese Bemerkungen dem unglücklichen Arzte schuldig zu sein. Es hat in der Presse nicht an Stimmen gefehlt, die Dr. von Gudden für den ganzen traurigen Ausgang verantwortlich machten. Es erscheint die Pflicht jedes wahrheitsliebenden Schriftstellers, an der Hand des Leichenbefundes und der stattgehabten genauen Erörterungen dieser einseitigen Ansicht gegenüberzutreten. Wenden wir uns wieder zum Könige selbst.

Der erste Nachmittag, der erste Abend und die erste Nacht im Schlosse verliefen ohne besondere Zwischenfälle. Der tragische Sonntag brach an. Am Vormittag hatte der König mit Gudden einen längeren Spaziergang im Parke gemacht und dabei längere Zeit in ruhigem Gespräche mit dem Arzte auf einer Bank verweilt, welche in der Nähe von Leoni, im sogenannten Hirschpark, in der Nähe einer Stelle angebracht ist, wo eine Tafel mit der Inschrift „Anlanden verboten" sich befindet. Bei diesem Spaziergange befanden sich zwei Wärter in unmittelbarer Nähe des promenirenden Königs und seines Arztes. Beide kehrten von dem Spaziergange in das Schloß zurück. Allein nahm der König gegen 4 Uhr das Diner ein. Hierbei hatte man alle Vorschriften walten lassen. Man hatte ihm ein goldenes Messer, ohne Spitze und mit wenig Schärfe gegeben, so daß man keinen Mißbrauch mit demselben zu fürchten hatte. Eine Nagelscheere, die der König kurz vorher verlangte, hatte man ihm direkt verweigert, da man ihm keinerlei Gegenstand, mit dem er das eigene Leben gefährden konnte, in die Hand geben wollte. Auch, trotzdem er allein speiste, war der König keineswegs unbewacht. Man hatte die Thür zum Speisezimmer mit Gucklöchern versehen und ließ keine Bewegung des Königs unbeachtet.

Um 6 Uhr kam Dr. von Gudden wieder zum Könige. Er war sehr ruhig, mittheilsam und zeigte keine Spuren von Aufregung. Um 6 Uhr 25 Minuten sandte der Arzt jenes bekannte Telegramm ab, in welchem er meldete, daß alles vortrefflich stehe. Unmittelbar darauf sollte die Katastrophe erfolgen. Eine Viertelstunde vor sieben Uhr wünschte der König zu promeniren. Gudden begab sich mit ihm in den Park. Wie am Vormittage folgten ihnen zwei Wärter. Der König wandte sich mit der leidenschaftlichen Bitte an den Arzt, die Wärter zurückzuschicken. Gudden, der, wie wir oben ausgeführt, mit seiner eigenen großen Körperkraft jeder Eventualität gewachsen zu sein glaubte, ensprach dem Wunsche des Königs. Die Wächter kamen in's Schloß zurück. Der hier anwesende Assistenzarzt Dr. Müller faßte doch Besorgniß, die Beiden allein zu lassen und sandte einen Wärter nach mit dem Befehle, sich vor den Blicken des Königs verborgen zu halten. Allein dieser entdeckte ihn zwischen den Büschen und Gudden, dem wiederholt ausgesprochenen Wunsche des Königs folgend, sandte auch diesen zurück.

Im Schlosse rüstete man indessen zum Souper. Als die für dasselbe angesetzte Stunde — 8 Uhr — herannahte und der König mit Gudden nicht zurück war, bemächtigte sich der Schloßbewohner eine begreifliche Aufregung. Im ersten Augenblicke nahm man an, der König sei dem begleitenden Arzte entflohen und dieser setze ihm nach. Dr. Müller sandte sofort zu den zwei im Parke beständig patrouillirenden Gensdarmen zwei andere und einen Irrenwärter, um den Park zu durchsuchen. Dann aber, von Angst getrieben, wurde von ½9—9 Uhr eine genaue Durchsuchung des Parkes mit Hülfe des gesammten Schloß- und Hülfspersonals vorgenommen. Dr. Müller und der Schloßverwalter schlossen sich ihnen an — vergeblich; man fand keine Spur vom Könige und seinem Begleiter. Neue Leute unter Führung des zum Tode erschreckten Baron Washington — des neuernannten Begleiters des Königs — suchten mit Fackeln den Park ab. Boote wurden auf den See hinaus gesandt. Bange Stunden vergingen. Endlich fand man auf dem Wasser treibend Hut und Rock des Königs. Der Hut trug jedoch nicht, wie fast von allen Blättern gemeldet, eine echte Diamantenagraffe, sondern eine Agraffe mit einem falschen Saphir, umgeben von Glasdiamanten. Gegen ½ 11 Uhr entdeckte die gesammten Gegenstände ein Hofkellereiofficiant und kurz nach 11 Uhr entdeckte man im See — 50 Schritte vom Ufer — zwei mit dem Antlitz nach unten schwimmende Körper, den des Königs und des Arztes. Der Schloßverwalter Huber sprang in das an dieser Stelle kaum 4 Fuß tiefe Wasser und die kein Lebenszeichen mehr gebenden Körper wurden ans Ufer getragen. Die gurgelnden Laute, welche man bei Wasserleichen beim Aufheben aus dem Wasser wohl bemerkt, mögen zu der ersten unrichtigen Meldung, es sei bei ihrer Auffindung noch Leben in den beiden Körpern gewesen, den Anlaß gegeben haben. Beide Leichen wurden sofort hinauf in's Schloß transportirt und an ihnen Wiederlebungsversuche vorgenommen. Diese mußten natürlich erfolglos bleiben.

Schon um 12¼ Uhr Nachts traf der herbeicitirte Oberamtsrichter Jähle von Starnberg als amtlicher Commissär zur sofortigen Augenscheinnahme und Vernehmung der Schloßbewohner ein. Die letztere währte bis Morgens 7 Uhr. Die Inaugenscheinnahme ergab die folgenden Details: Die betreffende Parkbank ist 966

Meter vom Schlosse entfernt und allein von ihr aus ist in dem sonst dichtverwachsenen Parke ein rascher Absprung zum See möglich. Die Entfernung von der Bank bis zum See beträgt 33 Meter; vom Ufer bis zu dem Platze, wo des Königs Leiche gefunden wurde, ergab die Messung 19 Meter. Etwa drei Meter weiter zurrück zum Ufer hatte man die Leiche des Dr. von Gudden gefunden. Alle Anzeichen ergaben ferner, daß schon am Ufer selbst ein Kampf zwischen dem König und Gudden stattgefunden habe, der sich im Wasser fortsetzte, bis der Arzt sich unter Wasser befand und ertrank. Der schaurige Kampfplatz, der sich auf einen Umkreis von 2½ Metern erstreckte, war an dem zertretenen Schlamm kenntlich. Die Uhr des Königs, welche auf 6 Uhr 45 Minuten zeigte, war nicht aufgezogen; Guddens aufgezogene Uhr war in Folge eingedrungenen Wassers später stehen geblieben.

Was zwischen Arzt und König am Seeufer vorgegangen, wird ewig ein Geheimniß bleiben. Nur aus den vorhandenen Spuren läßt sich nothdürftig der Gang des Kampfes reconstruiren. Die Fußspuren des Königs führen von verschiedenen Punkten aus in den See und im Wasser erst zusammen. Spuren des Kampfes aber sind auch am Ufer gefunden. Der wahrscheinliche Hergang dürfte demnach folgender sein: Der König hat dem am Seeufer neben ihm her wandelnden Arzte zunächst einen Faustschlag in's Gesicht versetzt. Guddens Antlitz zeigte eine Contusion auf der rechten Seite. Gudden ist zurückgetaumelt und diesen Moment halber Besinnungslosigkeit hat der König benutzt, um in's Wasser hineinzugehen. Bis Gudden zur Besinnung kam, hatte der König einen Vorsprung. Als dies geschah, lief der Arzt seinem Patienten, und zwar in direkter Linie von seinem Standpunkte aus, ins Wasser nach. An der Stelle, an welcher er ihn erreichte, entspann sich sodann das für Gudden tödtliche Ringen, bei welchem der Arzt mehrfache Kratzwunden an Wange und Nase erhielt. Die weiteren Schritte des Königs laufen nun nicht direkt weiter in den See hinein, sondern parallel mit dem Gestade. Dieser Umstand läßt die allerdings nur auf Vermuthungen basirende Ansicht offen, daß der König keinen Selbstmord sondern nur einen Fluchtversuch geplant habe, der dadurch sein Ende fand, daß der durch den vorhergegangenen zweifellos schweren Kampf Ermüdete sich den Umklammerungen des weichen Seegrundes nicht länger zu entziehen vermochte. — — —

Wie gesagt, alles das sind Vermuthungen. Was nützt es auch, den Hergang zu erforschen. Der König ist todt. Wäre sein Ende nicht ein so entsetzliches, so dürfte man das Schicksal preisen, das ihn einem qualvollen Leben voller Wahngebilde und Selbstängstigungen so schnell entriß. — — — — — — — — — — —
— — — — — — — — — — — — — — — —

Nach der Katastrophe des Sonntags blieb für den Montag Abend ein trauriges Geschäft übrig: die Leiche des unglücklichen Monarchen einzusegnen und alsdann in die Hauptstadt überzuführen, damit dort zunächst die Secirung und alsdann die Aufbahrung vorgenommen werden könne. Am Montag Abend um 8 Uhr wurde auf Schloß Berg die Leiche ausgesegnet. Auf dem Hofe stand schon der mit Rosen, Jasmin und Maiglöckchen reich geschmückte Trauerwagen. Die Leiche des Königs lag in einem einfachen, schnell herbeigeschafften Sarge. 1/2 9 Uhr Abends war es, als der Sarg auf den Wagen gehoben wurde. Eine Blumenkrone wurde auf denselben gelegt. Aus den Dörfern hatte sich eine schluchzende Menge eingefunden, die den einfachen Zug des von sechs schwarzbehängten Pferden gezogenen Trauerwagens begleitete. In Sendling hielt eine Schwadron Chevauxlegers, welche hier die Ehrenbegleitung bis zur Hauptstadt übernahm. Diese erreichte man um 1/2 2 Uhr und nun empfingen Tausende und Abertausende, welche die Nacht hindurch nicht vom Fleck gewichen waren, den Trauerzug. Helles Mondlicht lag auf den Straßen und Plätzen der Residenz, als der Todte den stillen Einzug hielt. Als der Leichenwagen in Sicht kam, entblößten sich alle Häupter und lautes Weinen und Schluchzen ertönte ringsum. Der Wagen wurde in dem Kapellenhof des alten Schlosses geleitet. Zehn Lakaien trugen den eichenen Sarg zwei Treppen hoch durch die Vorzimmer zu den sogenannten päpstlichen Zimmern und setzten ihn im „Marterzimmer“ nieder. Es ist ein kleines Gemach; auf einen hergerichteten Aufbau in seiner Mitte wurde der Sarg niedergestellt und sogleich von der Hofgeistlichkeit ausgesegnet. Dann wurde die Ehrenwache aufgestellt, bestehend aus einem Offizier und zwei Hatschieren, und nun lichtete man den Deckel des Sarges. Allein der Todte trug das Gesicht noch in Leinen gehüllt, da man noch in Schloß Berg die Gipsmaske abgenommen hatte. Der Deckel wurde wieder aufgelegt, der Sarg mit sechs goldenen Girandolen mit je sieben brennenden Wachskerzen umstellt und zwischen die Girandolen wurden prächtige Lorbeer- uud Palmenbäume aufgepflanzt.

Am folgenden Morgen, 6 Uhr, begann die Section der königlichen Leiche durch den Professor Rüdinger unter Assistenz des Privatdozenten Rückert. Das Protokoll wurde von dem Geheimrah Ziemssen in Gemeinschaft mit Professor Rüdinger, Hofrath Hagen, Professor Grasberg und Director Hubrich festgestellt. Anwesend waren noch Ober-Medicinalrath von Kerschensteiner, Professor Kupfer, Leibwundarzt Dr. Schleiß von Löwenfeld und die Hofstabsärzte Brattler, Halm und Becker. Die Ergebnisse der Leichenöffnung waren folgende: König Ludwig besaß eine Länge von 191 cm, einen Brustumfang von 103 cm, ein starkes Fettpolster und äußerst kräftig entwickelte Musculatur und Knochenbau. Bezüglich des Gehirns ergab die Section hochgradige Veränderungen degenerativer Natur am Schädel, sowie am Gehirn und seinen Häuten. Auch nach dem Sectionsbefunde war die unheilbare geistige Krankheit des Königs somit klargestellt.

Am Mittwoch begann die Ausstellung der aufgebahrten Leiche. In schmuckloser Einfachheit, ohne fürstlichen Prunk lag König Ludwig in der Hofkapelle der „Residenz" aufgebahrt. An der Decke befestigt, schwebte über dem Katafalk die Königskrone, von welcher vier schwarze mit matten Goldfransen besäumte Tücher, eine Art Baldachin bildend, ausliefen. Die Wappenschilde des Königs befanden sich zu beiden Seiten des Katafalks. Rund um den letzteren waren Betstühle aufgestellt. Zu Häupten des Königs erhob sich ein großes metallenes Kreuz, beschattet von einer hochragenden Fächerpalme; auf einem Postamente zu Füßen des Katafalks stand ein silberner Weihwasserkessel. Eine Anzahl silberner Leuchter umgab den mit schwarzem Sammet bekleideten Sarg. Dieser, die Leuchter und Kerzen, waren mit Gewinden weißer Rosen umschlungen. Der Sarg war auf dem Katafalk so schläg gelagert, daß man die ganze Gestalt des Todten sehen konnte. Ein Augenzeuge schilderte den Anblick folgendermaßen: „Im Sarge ausgestreckt, sieht der König imposant aus. Das Gesicht ist wachsgelb; begrenzt von dem seltsam geschnittenen Kinnbarte. Die schwärmerischen Augen sind für immer geschlossen und nur der Ausdruck tiefster schmerzlicher Ruhe lagert auf dem Antlitz des Todten. Die feingeschnittene Nase und die üppigen, aber schneeweißen Lippen treten aus dem sonst schon eingefallenen Gesichte hervor. Man hatte die Leiche des Königs in die Tracht der Hubertusritter gekleidet — bestehend in einem anliegenden schwarzen Gewande aus Sammet, Jabot und gebauschten Spitzenmanschetten. Die rechte Hand ruhte auf der Brust in der Gegend des Herzens, sie hielt die Spende der österreichischen Kaiserin, einen Strauß von Jasminblüthen. Die Hände mit ihren feinen und langen Fingern trugen keine Handschuhe. Als Wachen waren rechts und links neben dem Katafalk je ein königlicher Hatschier aufgestellt; außerdem waren stets mehrere Hofbediente in der Kapelle anwesend. Eine massenhafte Fülle von Kränzen bedeckte jeden nur verfügbaren Raum, einen Schimmer tiefsten Friedens in das Gemach werfend.

Schildern wir nun den Schlußakt der erschütternden Königstragödie: die Beisetzung und das Leichenbegängniß.

Der 19. Juni sah alles, was in München fähig war, zu gehen, auf den Beinen. Viele Tausende von Fremden waren herbeigeströmt, um Zeugen des Leichenbegängnisses zu sein. Schon um 11 Uhr Vormittags säumte ein dichtes Menschenspalier den weiten Weg ein, den der Leichenzug nehmen sollte. Nur mit Mühe wurde die Mitte der Straßen freigehalten. Eine Stunde vor der angesagten Zeit, um 12 Uhr Mittags, ließ man die Tête des Zuges sich in Bewegung setzen, um Raum zu schaffen. Gerade um die Mittagsstunde durchbrach der erste goldene Sonnenstrahl das finstergraue Gewölk am Himmel, dieses zerstreuend, so daß das blaue Himmelgewölbe hervortrat. Mit dem Schlage 1 begannen die Glocken sämmtlicher Kirchthürme der Residenzstadt ihre ehernen Trauerklänge anzustimmen. Kanonendonner klang dröhnend dazwischen. Die Truppen, an ihrer Spitze der Kommandant des Leichenzuges nnd Commandirender General des 1. Bayerschen Armeecorps, Freiherr von Horn, bildeten die Tête des Zuges. Das königliche Kadettencorps und die Zöglinge der königlichen Kriegsschule eröffneten den Zug, die Regimenter des Königs folgten: Die Königs-Ulanen, die Chevauxlegers, zwei Batterien Feldartillerie, dann die Infanterie, unter ihr das Leibregiment. Wieder folgte berittenes Volk: die reitende Artillerie der Königin-Mutter und das schwere Reiterregiment des Prinzen Carl von Bayern. Trauerflore wallen von den Standarten hernieder. Ein Trompetercorps, den Trauermarsch blasend, schloß die erste Abtheilung des Zuges.

Ihr reihte die zweite sich an, eröffnet durch die gesammte Livreedienerschaft des Adels und die sogenannten Bruderschaften in ihrer seltsamen Tracht, angethan mit grauen, weißen und blauen Kutten, mit Pilgerhüten im Nacken und Muscheln auf der Brust. Ihnen folgten in langen Zügen die Studenten und Schüler, die Nonnenconvente und dann die gesammte königliche Hoflivree, gefolgt von langen Reihen von Hofbeamten in ihren reichen, goldbordtirten Uniformen Die Mönchsconvente Münchens, die Kapuziner, Franziskaner und Benediktiner mit dem Stadtpfarrklerus, dem Kapitol zu St. Cajetan .kamen sodann und nun folgten ehrfurchtgebietend die Erzbischöfe von Bamberg und München mit dem Episcopat und dem übrigen Hofklerus. Ihnen schloßen sich die seltamen 25 Männer in der Gugel an, in Gewändern mit Kapuzen, in denen nur Oeffnungen für die Augen gelassen sind. Ihnen folgen die Kammerdiener des Königs und die Beamten aus der nächsten Umgebung des Königs.

Jetzt nahte der hohe, achtspännige Königs-Leichen-Wagen, vor dem der Oberceremonienmeister Baron Verglas einherschritt. Auf dem Sarge lagen Krone und Scepter und die Attribute des Hubertus- und Georgs-Ordens. Der Sarg wurde geleitet von Generalen und Flügeladjutanten, Kämmerern, Georgs-Komthuren, blauweiß gekleideten Edelknaben und einem imposanten Zug von Hatschieren, mit geschulterter Hellebarde. Das Leibroß des Königs wurde hinter dem Sarge hergeführt.

Nun kam der glänzende Zug der Leidtragenden. Voran allein der Prinz-Regent Luitpold in Generals-Gala-Uniform; hinter ihm rechts der Kronprinz des deutschen Reiches in bayrischer Ulanenuniform und mit seinen bayrischen Orden, ihm zur linken der Kronprinz Rudolf von Oesterreich in der Uniform der bayrischen schweren Reiter: sodann die Großherzöge von Baden und Hessen in preußischen Uniformen; hierauf zu dreien nebeneinander: Prinz Albrecht von Württemberg, Prinz Ludwig von Bayern und der Herzog von Genua; der Großherzog von Oldenburg, Prinz Leopold von Bayern und Prinz Georg von Sachsen; der Erbprinz von Schaumburg, Prinz Arnulf von Bayern und Prinz Albrecht von Altenburg; der Herzog von Leuchtenberg, Prinz Ludwig Ferdinand und der Erbprinz von Anhalt; Herzog Ernst von Sachsen-Meiningen, Prinz Alfons und Wilhelm von

Hessen und endlich die drei bayrischen Herzöge Ludwig, Carl Theodor und Max Emanuel.

Die Vertreter der auswärtigen Souveräne folgten; hinter ihnen die Deputationen des preußischen Husaren- und des österreichischen Infanterie-Regiment „König von Bayern," geführt von bayrischen Offizieren. Nun schaarten sich daran: die Suite fremder Prinzen, paarweise in langem Zuge die Kronbeamten, die Mitglieder beider Kammern, die Standesherren, Oberhofschargen, das Gesammtministerium, die Generalität und die hohen Staatsbeamten, die Georgsritter und eine unabsehbare Anzahl von Offizieren aller Waffen. —

In der letzten Abtheilung des Zuges schritten, außer dem Magistrate Münchens, die Bürgermeister und Stadträthe fast aller bayrischen Städte. Eine Deputation des bayrischen Kriegerbundes brachte Kränze aus Alpenrosen und Alpenblumen. Die Vereine, unter ihnen die Couleurstudenten der Universität München im Cerevis, folgten. Dann kamen die Chevauxlegers des Herzogs Maximilian, ein Trainbataillon zu Fuß und ein Escadron des schweren Reiterregiments, dessen Chef Kronprinz Rudolf von Oesterreich ist, schloßen den Zug.

Um 1/23 Uhr Nachmittags langte der Todtenwagen vor dem Portale der Michaelskirche an. Die erwähnten Gugelmänner trugen den Sarg in das Presbyterium und stellten ihn vor den imposanten, in einem Lichtmeer erstrahlenden und mit Blumen überschütteten Katafalk. Sodann begann der Klerus die Todtenvesper, inzwischen nahm der Prinz-Regent auf einem Throne Platz und die höchsten Gäste umstellten den Sarg. Nach Beendigung der Vesper hoben die Gugelmänner den Sarg wieder empor und trugen ihn in Begleitung von Edelknaben mit brennenden Kerzen, der Hatschierengarde, des Decans Türk, des Ehrenkanonikus Dr. Trost, des Erzbischofs mit dem Domkapitel und des Staatsministers von Crailsheim hinunter in das Gruftgewölbe. Der Klerus sang einen Psalm, worauf der Staatsminister von Crailsheim die Versiegelung vornahm, worüber eine Urkunde im Hausarchiv aufbewahrt wird. Sämmtliche Princessinnen des Königshauses mit den hoffähigen Damen wohnten der einer Viertelstunde dauernden Vigil bei. Dann verließen die Leidtragenden, mächtig ergriffen, das Gotteshaus.

In der Fürstengruft der St. Michaelskirche schläft jetzt der unglückliche König Ludwig. Neben ihm ruhen dort der Gründer der Kirche, Herzog Wilhelm V. und seine Gemahlin Renata, Kurfürst Maximilian I. und seine beiden Gemahlinnen Elisabeth und Maria Anna, Herzog Maximilian Philipp und seine Gemahlin, Herzog Eugen von Leuchtenberg, seine Gemahlin und Tochter, und endlich aus neuerer Zeit Prinz Adalbert, der Oheim des unglücklichen Bayernkönigs, dessen Lebensbild wir hiermit schließen.

Frieden seiner Asche!

Zeitfracht Medien GmbH
Ferdinand-Jühlke-Straße 7
99095 Erfurt, Deutschland
produktsicherheit@kolibri360.de